Hablan de INMERSIÓN y David Gaitán

Solamente si hemos estado viviendo en un desierto, totalmente desconectados de todo, no sabremos que nuestro mundo está siendo convulsionado.

La extrema polarización en las diferentes formas de pensar, las contradicciones y los absurdos en las áreas de la política y la economía también tienen su paralelo en el cristianismo y sus adeptos.

La institucionalización de la fe y el distanciamiento del mensaje de Jesús y su reino es cada día más evidente y le está poniendo fecha de caducidad a nuestra manera de practicar la fe.

Hay una teoría que sugiere que el cristianismo experimenta un cambio de paradigma cada 500 años. De acuerdo a esta teoría, el último cambio sucedió con la reforma hace 500 años y un nuevo cambio se aproxima.

El cambio que se aproxima es a nivel sísmico.

De la manera que los cambios sísmicos han transformado drásticamente el rostro de nuestro planeta, sospecho que el cristianismo está a punto de experimentar un "cambio sísmico", que transformará su rostro.

Inmersión de David Gaitán, es una invitación a identificar esas contradicciones que tanto daño nos hacen, y a la vez, augura el cambio de paradigma que tanto nos urge.

Jesús Adrián Romero - *Pastor Vástago Epicentro - Cantautor*

Que de religión y política no se habla, reza un dicho popular, pero, y si no lo hacemos, ¿cómo construimos? Donde hay silencios siempre se necesita una voz que se alce, donde hay muros siempre una mano que construya puentes, donde hay miedo, siempre alguien que los disipe con amor, y donde todo está quieto, siempre alguien que asuma el riesgo.

Desde el título, más bien metafórico que literal –aunque es, sin duda alguna, una **Inmersión**– pasando por el estilo narrativo y la forma de asumir los temas, David Gaitán se arriesga y nos lleva a arriesgarnos con él. En medio de líderes religiosos que exigen obediencia y fe ciega, alimentando a los rebaños de miedos, mitos e ideas que, en vez de fortalecer las creencias, las apagan, este texto nos invita a vernos y a cuestionarnos como creyentes, a leer las escrituras sagradas con la imaginación y la poética con la que fueron escritas y a experimentar a un Dios que goza al vernos usar el gran regalo que nos ha dado como diferenciador de la especie: la reflexión y la consciencia.

A través de temas espinosos y de posturas claras, pensadas y profundas, esta **Inmersión** nos recuerda que la Palabra no es nada si no sabemos llevarla a la acción, pues la encarnación nos habla precisamente de esta necesidad, del relativismo de las palabras y el cambio de sentido que pueden tener a lo largo de los siglos, llevándonos a la acción y al ejemplo del Maestro de los Evangelios que nos invita a actuar más que a hablar, pues, en palabras del mismo David, "Evangelio es camino, no destino".

Su texto es una invitación certera, clara y contundente: "la iglesia debe crecer, no necesariamente en número, sino en madurez".

Cristina Hincapié Hurtado - *Psicóloga, Magister en Teología. Cofundadora del portal web de religiones, teología y espiritualidad Teounder.com*

Conozco a David desde hace varios años y he podido atestiguar con veracidad que este libro es el resultado de su muy real proceso de **Inmersión** teológica deconstructiva. De alguna forma, leer su obra es leer su historia de peregrinación en la fe. Aprecio y valoro esa honestidad.

De manera cada vez más frecuente me encuentro con personas que, ya sea por exposición a contenido académico o por decepción del sistema religioso, se encuentran en medio de procesos de crisis de fe. Estas sumen al que las vive en una sensación de soledad al estar transitando un camino inexplorado, ¡y es cierto! Si bien los cuestionamientos han estado en la conversación humana por milenios, se sienten como noticias trágicas en la cabeza de quien duda. Pienso en el camino deconstructivo que personalmente tuve que transitar e imagino que un libro como este me habría ahorrado una buena dosis de dolor. Tal vez pueda ahorrarte ese dolor a ti.

La curiosidad teológica de David y su ejercicio periodístico hacen una excelente dupla que nos permite disfrutar de una lectura interesante que invita, en un lenguaje sencillo y pastoral, a sumergirnos en un libro que dialoga con otras voces de la reflexión latinoamericana, como también con otros autores reconocidos del mundo académico teológico.

¡Enhorabuena David! ¡Excelente trabajo!

César Soto - *Pastor y escritor, Magister en Teología.*

Es un libro seductor. Nos invita a conocer y cuestionar a fondo varias tradiciones cristianas presentes en el mundo evangélico y en iglesias reformadas. Tal como esperaríamos al sumergirnos en las aguas, entramos en ellas siendo unos y salimos siendo distintos. Esta obra nos presenta varios retos, dirigirnos a las profundidades no es fácil, pero es la invitación que hace Jesús a sus discípulos: ir a las aguas y lanzar la red porque allí es donde está el alimento, en lo recóndito.

Este documento es un recurso muy valioso. Presenta distintas herramientas de interpretación bíblica en un lenguaje sencillo, accesible y claro. Fue pensado, organizado y escrito para personas que no se han dedicado profesionalmente a las ciencias bíblicas o la teología. Para dar este marco teórico, reúne la voz de distintos teólogos y biblistas latinoamericanos. En tal sentido es una herramienta excepcionalmente útil para aquellos hispanohablantes que quieren comprender mejor la Biblia: nos provee instrumentos hermenéuticos y nos da un contexto latinoamericano.

A la Biblia se la entiende con base en toda nuestra cultura, normas sociales, educación y lo aprendido en nuestras comunidades. Estas son premisas con las que David Gaitán nos dirige en un diálogo necesario. Nos plantea preguntas pertinentes para el cristianismo en el contexto del habla hispana. Y eso es fundamentalmente importante, pues se han privilegiado teologías que no pertenecen a nuestro contexto, a nuestras realidades, a los cuestionamientos que surgen entre comunidades de fe latinas, a los problemas que enfrenta la iglesia latinoamericana.

Este libro es una bandera de libertad para aquellos que buscan tener una lectura más honesta y respetuosa del texto bíblico. La propuesta de David Gaitán es una **Inmersión** que considere los aspectos históricos, lingüísticos, culturales y religiosos de cuando la Biblia fue escrita. También es una propuesta de ser consciente de los sesgos que tiene el lector y de cómo nuestras propias limitaciones y comprensiones nos llevaron a entenderla de la manera como lo hemos hecho por mucho tiempo. Ofrece a los creyentes que buscan tener una lectura más libre, las propuestas de varios escritores de habla hispana. Es un lugar seguro para hacer preguntas, tener algunas respuestas y abrir más el diálogo. Es una conversación abierta con otros, es la continuación de una charla que cada vez se hace más grande entre creyentes de diversas comunidades de fe.

Ana María Rodríguez Alfonso - *Abogada,* Máster en Derecho y Economía. Directora de *Locademia de Teología.* Maestrante en Teología de la Universidad de Boston.

Me acerco a **Inmersión**, el excelente libro de David A. Gaitán, y me digo: ¡qué bueno hubiera sido tenerlo entre mis manos cuando iniciaba el camino de la fe en Jesús! Así de contundente es mi opinión una vez leída la obra.

Todos los temas que se desarrollan a lo largo del texto serán de ayuda, tanto a los que llevamos tiempo caminando en la fe, como a las personas que acaban de iniciar. Es más, nos encontramos ante un libro que es evangelizador, pues rezuma *buenas noticias* de tapa a tapa.

No es un texto dirigido a personas que quieran *embriagarse de ig-*

norancia, sino que está dirigido, en mi opinión, a los que se interrogan constantemente acerca de la fe y de la vida. Personas que no tienen temor a hacerse preguntas incómodas sin obtener respuestas finales y, aun así, seguir caminando oteando el horizonte del Evangelio de Jesús.

La Biblia no nos cayó del cielo. Jesús de Nazaret es el criterio hermenéutico, tanto de los textos que se nos han transmitido, como de la existencia misma. El Dios que nos manifestó Jesús rompe con el dios encerrado bajo cuatro llaves en la letra. El origen del mal (teodicea) es un problema siempre abierto, pero lo que no lo está, es nuestra vocación de resistencia al mismo. Trascendemos el infierno y el cielo para introducirnos en el seno de un Dios que es padre y madre, y que nos ama incondicionalmente. La necesidad imperiosa de hacer teología en contexto terrenal, fieramente terrenal. Todo ello son retos sugeridos o explicitados por el periodista-escritor que nos espolea desde cada una de las páginas que ha escrito.

¿Puedo decir algo más? Me retraigo de añadir algo más al texto, solo deseo expresar el beneficioso encuentro existencial que he experimentado al leer **Inmersión**. Solo añadir el interés pastoral que impregna todo el libro, algo que para un pastor como yo, tiene todo su apoyo y agradecimiento a David A. Gaitán. Es un texto accesible a todo el mundo que lo lea, y eso es algo de gran valor en un mundo en el que parece que los académicos solo tengan interés en escribir para ellos mismos.

David, ¡gracias! Gracias por escribir un libro pertinente. Pertinente para las iglesias y para las sociedades en las que nos movemos.

Ignacio Simal Camps - *Pastor Iglesia Evangélica Española e Església Protestant Betel + Sant Pau | Director Revista Lupa Protestante*

Las teologías a las que se nos ha acostumbrado por años son sistemas de respuestas incuestionables, estructuras de *verdades* incontrovertibles y marcos de doctrinas organizadas que no permiten espacio para las dudas. Pareciera que la experiencia del evangelio y de la fe, se centraran en fabricar masivamente personas que repiten una y otra vez las mismas cosas.

Mientras el espíritu del tiempo es dinámico, algunas propuestas teológicas permanecen herméticas. En ciertos círculos de la fe cristiana se siguen defendiendo fórmulas del siglo XVI pensadas desde necesidades específicas del contexto de quienes en ese entonces vivieron su realidad. Nuestras particularidades necesitan nuevas preguntas que den lugar a otras posibilidades interpretativas.

Es ahí donde la obra del pastor y escritor David Gaitán cobra importancia para quienes buscan mirar a Dios desde la ciencia, las tramas sociales en sus diferentes vivencias y el desencanto constante y la conciencia de heterogeneidad que nos hereda esta era de la información y las redes sociales. Gaitán nos invita a la pregunta, reivindica la duda y nos presenta su propuesta de pensar a Dios más allá (y a veces más acá) de las convenciones.

Tomás Castaño Marulanda - *Periodista y Realizador Audiovisual | Director y fundador de Teocotidiana*

INMERSIÓN

- *Una Mirada Deconstructivista para un Acercamiento a la Teología Contextual* -

DAVID GAITÁN

Copyright © 2019 by David A. Gaitán Rivera
(Bogotá, Colombia)

INMERSIÓN
Una Mirada Deconstructivista para un Acercamiento a la Teología Contextual
de David Gaitán. 2020, JUANUNO1 Ediciones.

ALL RIGHTS RESERVED. | TODOS LOS DERECHOS RESERVADOS.
Published in the United State by JUANUNO1 Ediciones,
an imprint of the JuanUno1 Publishing House, LLC.
Publicado en los Estados Unidos por JUANUNO1 Ediciones,
un sello editorial de JuanUno1 Publishing House, LLC.
www.juanuno1.com

JUANUNO1 EDICIONES, logos and its open books colophon, are registered trademarks of JuanUno1 Publishing House, LLC. | JUANUNO1 EDICIONES, los logotipos y las terminaciones de los libros, son marcas registradas de JuanUno1 Publishing House, LLC.

Library of Congress Cataloging-in-Publication Data
Name: Gaitán, David, author
Inmersión : una mirada deconstructivista para un acercamiento a la teología contextual / David Gaitán.
Published: Hialeah : JUANUNO1 Ediciones, 2020
Identifiers: LCCN 2019957590
LC record available at https://lccn.loc.gov/2019957590

REL067000 RELIGION / Christian Theology / General
REL006080 RELIGION / Biblical Criticism & Interpretation / General
REL006400 RELIGION / Biblical Studies / Exegesis & Hermeneutics

Paperback ISBN 978-1-951539-22-1
Ebook ISBN 978-1-951539-23-8

Editor: Gusmar Sosa
Diagramación y Diseño de Portada: ZONA21.net
Realización Ebook: Ma. Gabriela Centurión
Director de Publicaciones: Hernán Dalbes

First Edition | Primera Edición
Hialeah, FL. USA.
-2020-

A:

Laura Camila. En tus ojos veo a Dios

Contenido

Prólogo, *por Alvin Góngora* .15
Introducción .21

1: BIBLIA: NATURALEZA Y OBJETO .35
2: JESÚS COMO FICHA HERMENÉUTICA BÍBLICA .71
3: CONOCIENDO AL DIOS DE JESÚS .81
4: EL ASUNTO DEL MAL .121
5: SOBRE EL MÁS ALLÁ .155
6: DE LA TEOLOGÍA CONTEXTUAL Y LA IGLESIA .187
    Nos están quitando nuestros derechos (teoficciones) .207

Nota del Editor, *por Gusmar Sosa* .217
Agradecimientos .219
Sobre el Autor .221

Prólogo

"Inmersión": O abrazas al río que te arrastra,
o te casas con el tedio que te aturde

Alvin Góngora

Un profeta de veterotestamentaria fama, decepcionado ante la persistencia del liderazgo de su pueblo en domesticar el culto, adocenar la espiritualidad y, de esa manera, creer que así se protegían sus privilegios, concibió al Espíritu del Dios viviente como alguien que, quizás aún más frustrado, abandonaba el lugar tradicionalmente sacro, el Templo, y tras deambular por la aridez del Medio Oriente, se asentaba entre los desplazados que levantaban sus chozas a orillas del río Éufrates.

El profeta Ezequiel imaginó la dinámica del Espíritu como una inmersión. Para él, el Espíritu era un río. Fluía libremente, de manera invitadora, pero no se detenía a ver si gestaba en torno suyo a una multitud de seguidores.

Un río que trae a mente el concepto de belleza en Leonard Cohen. La belleza es tan irresistible que por buscarla, canta Cohen, se deja atrás "mi gente, mi familia, mi obra maestra aún sin firmar".[1] Sin embargo, con todo y su atractivo, la belleza atrae a pocos. O a nadie. Quizás solamente a Cohen. Su llamado implica sacrificar tesoros de alto valor; tesoros que comunican la idea -quizá errónea- de la seguridad. Si se va tras la belleza se puede perder el anclaje seguro que promete convertir una realidad fluida en otra que es estática. Se cree que lo estático es lo perdurable.

Decía, entonces, que Ezequiel el profeta se halló ante una disyuntiva similar. El Espíritu, ahora también en el exilio, es un río que invita pero que no promete estabilidad. Ezequiel parece ser el único que responde a esa invitación. Lo cual implica abandonar lo poco estable que le queda, las mieles que suelen ofrecer los sistemas de turno, los privilegios mezquinos que uno cree le van a aportar las señales exteriores de éxito.

Ezequiel empieza a sumergirse. Hace una pausa cuando el agua llega a sus tobillos. Pausa para la ponderación. Está a tiempo de dar marcha atrás y regresar a la seguridad del hogar. De manera atrevida continúa. El agua le llega ahora a la cintura. Todavía puede regresar. Mientras Ezequiel nos dice que es así como concibe su espiritualidad, mi mente regresa a una leyenda de las muchas que se cuentan de las aventuras

---

1 *"I came so far for beauty,*
I left so much behind:
My people and mi family,
My masterpiece unsigned." (Leonard Cohen)

de los conquistadores españoles deambulando por nuestro continente. Esta pone a Pizarro y su ejército en un ejercicio de evaluación en una isla de cuya existencia nada se sabe: la isla del Gallo. Pizarro y su gente han salido de Panamá y van rumbo al sur atraídos por la fama de un reino fastuoso: el imperio Inca. Para entonces, las inclemencias del clima tropical, las enfermedades y las fieras ya han diezmado el ánimo de la tropa. Ninguno quiere avanzar. Dice la leyenda que, en la arena, Pizarro se puso de pie, desenvainó su espada, y con la punta dibujó una línea. Él se paró en el lado sur del trazo y arengó a sus soldados: "De ese lado de allá de la línea están el calor del hogar, la paz del seno de la mujer amada, la tranquilidad. De este lado de acá, las pestes, el clima que no perdona, el calor, las fieras, la enfermedad, la muerte. Allá en ese lado está el tedio, el aburrimiento, la quietud. De este lado, la gloria. Escoged de qué lado queréis estar".

Con el agua al nivel de su cintura Ezequiel sabe que está en un punto de quiebre. Si avanza, el río lo puede anegar. Si retrocede, aún puede sentarse a su orilla y contemplarlo. Si avanza, puede llegar a perderlo todo: su gente, su familia, su obra maestra aún sin firmar. Si retrocede...

De ese calibre es el desafío que nos plantea David Gaitán en este texto. **Inmersión** es un paseo gradual desde las superficialidades de nuestras apuestas de fe, hasta niveles problematizadores que sustentan esa fe. A medida que las páginas avanzan, uno siente la tentación, o bien de abandonar la lectura, o de dar marcha atrás, que viene siendo la misma cosa. En lo superficial, allí donde uno está al comienzo de la lectura, habitan los tesoros que nos hacen sentir seguros. Allí está nuestra gente, a la que abandonaríamos si se nos da por avanzar en un proceso de inmersión en lo que es invisible. Allá en el ámbito de lo superficial está el hogar que Pizarro echa de menos en las fiebres de la isla del Gallo. Está lo familiar que Leonard Cohen llora cuando echó a andar en procura de la belleza.

Y uno se puede devolver. De ser cierta la leyenda de Pizarro, es posible que algunos se hayan devuelto. La base de operaciones en lo que hoy es Panamá (se llamaba Santa María la Antigua del Darién) era una ciudad agradable. Las prebendas que los soldados habían ya obtenido les aseguraban un futuro estable en lo que era para ellos el Nuevo Mundo.

Para infortunio de Atahualpa, Pizarro no se devolvió. Para el lamento de Cohen, él no se devolvió. Para la anegación de Ezequiel, él siguió adentrándose en el río. Ahora le llega al cuello. Y lo cubre. Y lo envuelve. Y lo arrastra.

Y descubre Ezequiel la hondura insondable de la vida libre, la del Espíritu, la que lo hace a uno más humano, la que no se detiene a contemplar como propios los halagos de un imperio que, aunque amable, es siempre opresor. Porque, parece decirnos Ezequiel, la comodidad de Santa María la Antigua del Darién, la seguridad de "mi gente, mi familia, mi obra maestra aún sin firmar", no son más que espejismos de seguridad falsa que nos ofrece el actual ordenamiento de cosas que busca ahogar al Espíritu. Y al espíritu.

"Inmersión". Una aventura, paso a paso, en un río que te puede anegar. Pero uno que te puede rescatar de la sordidez de la fe convertida en ritual, de la vida convertida en repetición ad nauseam del tedio para el que no fuiste creado.

Introducción

¿Por qué Dios siendo omnipotente y omnisciente creó al hombre sabiendo que iba a pecar y, por consiguiente, muchos se irían al infierno por siempre jamás?, ¿esto no lo haría de alguna manera un 'dios malo'? O si no lo sabía, ¿no sería omnisciente?; pero si lo sabía, y no pudo destruir el mal, ¿no le quita esto su calidad de Omnipotente? ¿Por qué Dios escucha las oraciones de algunos jugadores durante un partido de fútbol para que ganen, pero no escucha las oraciones de muchos que le piden por la erradicación del hambre en África, sin librar a los que mueren de este mal, muchos de los cuales son cristianos? ¿Por qué la mayoría de grupos carismáticos llevan orando, decretando y ayunando varias décadas por un tema social particular y este no cambia en los territorios que se proponen hacerlo?

Estos y muchos interrogantes más se configuran a diario en las mentes de miles de creyentes alrededor del mundo, y no obtienen una respuesta que se escape de la ya establecida cultura reduccionista en medio de comunidades de fe. La frase, *misteriosos son los caminos del Señor*, construida desde la teología de la soberanía de Dios ha, de alguna manera, coartado la posibilidad de la curiosidad y la pregunta, la crítica y el cuestionamiento.

Cada cierto tiempo recibo correos y comunicaciones con toda una gama de inquietudes genuinas, que no han sido abordadas por las iglesias locales o los líderes dentro de ellas. Esto ha generado algunos inconformismos, retirada de las congregaciones, e incluso, abandono total de la fe. La iglesia debe estar en la capacidad de generar acercamientos informados, de altura y con contenido relevante que vaya más allá de los monosílabos *pecado, herejía* o *diablo*.

El presente documento se propone brindar herramientas de acercamiento a las Escrituras Bíblicas desde varias perspectivas divergentes para que quien las use, pueda ampliar su visión dogmática y de esta manera llegar de manera personal a ciertas conclusiones, o en su defecto, interrogantes concluyentes. Esto quiere decir que muchas veces la respuesta no es afirmación sino pregunta y en este sentido, la Biblia está dispuesta a dejarse cuestionar.

Así, **Inmersión** se apropia del interrogante como unidad primaria básica para presentar algunas propuestas hermenéuticas [1] y exegéticas [2] del texto bíblico, de tal modo que inviten a la reflexión y la relectura. Por eso, en este texto no se pretende ofrecer un acercamiento unívoco o totalitario, al contrario, las ideas aquí expuestas deberán ser confrontadas y cuestionadas. Todo esto desde la premisa máxima y central de esta obra: proponer a Jesús como ficha hermenéutica angular bíblica.

Esta intención de acercamiento al interrogante debe reavivarse desde la actitud. Una de las cosas que más daño hacen a la reflexión es la intención. Esto quiere decir que yo, por ejemplo, y como dice el psicólogo mexicano Marco Antonio Meza, en medio de una discusión puedo hablar para explicar o para ganar, al igual que puedo escuchar para responder o para entender. En ese sentido, si hablo para ganar y escucho para responder, no habrá comunicación posible. Pero si por el contrario, me propongo hablar para explicar y escucho para entender, habrá puntos de acercamiento y eso facilitará, tanto la comunicación como la comprensión.

Es por eso que la recomendación máxima de acercamiento al presente documento no puede ser otra que la actitud de escuchar para entender y no para contestar. De esta manera se podrán conocer los argumentos y, aunque no se esté de acuerdo con ellos, habrá entendimiento. Como mínimo.

Este aspecto resulta relevante, porque hemos estado expuestos durante muchos años a diferentes dogmas y teologías asumidas como ciertas, o, por lo menos, confiables. **Inmersión** presenta una visión divergente de algunas de ellas, buscando incentivar el sentido crítico e investigativo del lector para entenderla, y desecharla o adoptarla.

Para ayudar al ejercicio propuesto de escuchar para entender y hablar para explicar, bien podríamos dejar por unos momentos en reposo aquellos dogmas que han definido nuestro pensamiento y comportamiento mientras nos acercamos al presente libro. De esta manera, no tendremos tanto ruido mental y podremos apreciar lo certero o no del argumento expuesto. Una vez concluyamos con la lectura, estos estarán allí esperando por nosotros y podremos seguir nuestro camino.

Así, por la naturaleza del presente texto, puede que se generen preguntas alrededor de los temas. Algunas de estas quizás acompañan al lector, incluso antes de acercarse a estas líneas. Por eso es pertinente considerar que muchos de esos interrogantes no tendrán respuesta certera. En otras oportunidades la respuesta será un cuestionamiento diferente. De eso se trata la dinámica de la reflexión teológica construida desde el conocimiento. No hay que temer a la no respuesta ni a la inquietud de la no certeza. Evangelio es camino, no destino y eso podría resultar sumamente constructivo para disfrutar el paisaje mientras nos acercamos a él.

Esa es la razón por la cual **Inmersión** no pretende presentar *reflexión teológica,* sino más bien acercamientos teológicos y filosóficos que nos brinden informaciones que nos inviten a la lectura de los textos bíblicos, asumiéndolos como objeto de estudio y no como fuente dogmática. ¿Qué quiere decir esto? La reflexión teológica, por un lado, usará porciones de las Escrituras para argumentar una creencia que ya tenemos o que quien nos la está exponiendo tiene. En cambio la teología no se interesa en argumentar-probar nada, sino presentar posibilidades desde el mismo texto bíblico o fuera de él.

Este punto podríamos intentar ilustrarlo con un ejemplo. Mientras la reflexión teológica evangélica contemporánea considera que es pecado *ejercer* la homosexualidad, una parte de la reflexión teológica Luterana considera que no. La teología no le da la razón a una u otra de las partes, sino que se pregunta sobre el porqué los evangélicos piensan de una manera y los luteranos de otra totalmente opuesta, cuáles elementos hermenéuticos y exegéticos los llevaron a sus conclusiones y, en sentido práctico, qué acciones y consecuencias políticas pueden tener ambas comunidades religiosas al asumir sus posturas.

En todo caso, y aunque ya debe ser claro que el objeto de este documento no es la reflexión teológica, esta última no estará ausente de sus líneas. Cuando nos acercamos a cualquier texto o discurso, lo hacemos inevitablemente desde nuestro propio constructo [3], sin embargo, la conciencia de esta condición será una herramienta de lectura que aportará en la exploración de los temas propuestos, el ignorarlo es lo que ha devenido en la segregación del diferente desde el convencimiento de que se posee toda y absoluta verdad.

El pastor chileno César Soto explica que cuando notamos la diferencia entre la dinámica Veterotestamentaria [4] de leyes y las *Metáforas* propuestas por Jesús, podemos ser libres para pensar y llevar toda nuestra práctica de fe a la reflexión. Para este teólogo, una vida que se rige por una lista de normas a seguir, de alguna manera coarta la responsabilidad de análisis. Ya se tiene todo resuelto, ir en pos de la regla es bueno y desobedecerla es malo; con base en esto, se puede decidir el bien y el mal. En cambio, el Maestro de Galilea cuenta historias. Esos relatos al final pueden ser interpretados o recibidos de diferentes maneras por los oyentes. No se dice qué se tiene que hacer o qué no, sino que se deja abierta la posibilidad al diálogo, a la reflexión, a la toma de decisiones conscientes.

En oportunidades, Jesús fue cuestionado en el relato bíblico sobre el significado de dichas parábolas. Es interesante que el hijo del hombre se propusiera llevar a su audiencia a pensar, y hacer pasar sus ideas y comportamientos por el filtro de la bondad de Dios a través de situaciones que hasta ese momento parecían obvias, pero que al final se estaban resignificando. Como por ejemplo, que un samaritano tuviera un gesto de bondad, o que se pudiera sanar en Día de Reposo, o que la salvación pudiera llegar hasta la casa de un recaudador de impuestos [5]. Todo esto no solo desde su discurso, sino desde su propio comportamiento.

Siguiendo este ejemplo del Predicador itinerante de la Palestina del Siglo I, **Inmersión** quiere invitar al pensamiento y la reflexión en cada uno de sus postulados. No como una obligación y sin el ánimo de establecer un nuevo dogma, sino con el deseo de propiciar un escenario de construcción de pensamiento cristiano relevante para el Siglo XXI. Todo desde la premisa, la cual en palabras del mismo Jesús, confronta a su audiencia diciéndoles que ellos leen las Escrituras porque piensan que así encuentran salvación, pero estas dan testimonio de él [6].

Así que si seguimos detenidamente el comentario del Maestro de Galilea, deberemos dejar a la Biblia en el lugar que le corresponde y pensar en cómo podemos depender de Jesús como ficha hermenéutica bíblica. Para eso, se hace necesario entender la naturaleza del Libro, la cual dista mucho de ser un documento histórico o científico [7], pues se trata de un texto teológico que cuenta historias reales de personas reales con respecto a su relación con Dios [8].

La Reforma Protestante dejó una premisa que hasta el día de hoy es bandera angular desde el discurso, más no necesariamente en la práctica, en medio de la mayoría de iglesias evangélicas alrededor del mundo. Esta premisa se lee, "Sola Scriptura / Sola Escritura", la cual declara que sólo la Biblia es autoridad de fe y moral del cristiano. Uno de los componentes más importantes de esta declaración que hace parte de las *Cinco Solas*, es que *solo las Escrituras interpretan a las Escrituras*.

Esta declaración nace como una voz de protesta en medio de un momento muy particular, pues para Martin Lutero, y los demás reformadores, era sumamente importante establecer que la autoridad de la Iglesia y el creyente no podía ser la *voz subjetiva* de una personalidad como el Papa de Roma, sino que las Escrituras son suficientes. En aquel momento histórico la relevancia de esta posición era fundamental para dar paso al Cisma de Fe. Sin embargo, desde entonces y hasta ahora las cosas han cambiado un poco.

En su momento, y a través de las tesis reformadoras, los líderes del protestantismo comenzaron a introducir una manera de leer las Escrituras que con el pasar del tiempo se conocería como *crítica textual*. Esta apelaba a que el lector de la Biblia pudiera remitirse directamente a los idiomas originales en los que fue escrita, para así estudiar de primera mano lo que los autores habrían querido transmitir con sus letras.

Hoy en día, este tipo de lecturas ha evolucionado mucho, pues no solamente se están proponiendo desde la Crítica Textual, sino desde la Alta Crítica. Esta última toma prestadas herramientas de las ciencias blandas, para poder acercarse al texto bíblico. En ese orden de ideas, ya la Biblia no interpreta en exclusividad a la Biblia, sino que hay muchas más disciplinas que intervienen en este ejercicio. Herramientas que no se habían desarrollado en los tiempos de los reformadores.

Por ejemplo, algunos descubrimientos históricos nos pueden revelar anacronismos en los relatos descritos en las Escrituras Bíblicas. Esto quiere decir que en los años en los que según transcurren ciertas historias, en realidad no sería posible que fuese así porque no reflejan prácticas de esos días. A manera de ilustración, un caso como estos podría ser el del uso de camellos por parte de Abraham. Según la cronología bíblica, el patriarca los habría usado, sin embargo según la arqueología, en ese tiempo no estaban domesticados estos animales.

¿Este tipo de situaciones degradarían la verdad bíblica a una mentira? La respuesta a este interrogante dependerá del acercamiento que se tenga a las Escrituras. Si este es desinformado y *literalista*, puede ser grande la decepción, o incluso generar reacciones extremistas; pero si se hace desde la reflexión juiciosa y el ejercicio de hacer preguntas al texto, todo puede comenzar a tener sentido.

Al respecto, hay una aclaración bastante relevante que presenta la teóloga argentina Cristina Conti, quien explica que lamentablemente en español no tenemos la diferenciación de la palabra *'historia'* que sí existe en el inglés. En el idioma anglo, hay disponible para esta *'History'* y *'story'*. La primera hace referencia a lo que ocurrió en el pasado, a los hechos reales y la segunda a relatos de diferente índole.

Conti aclara que en los tiempos bíblicos, y aún muchos siglos después, la Historia (History) no se había desarrollado como hoy la asumimos (ciencia blanda o disciplina de conocimiento). Para que la comunidad académica acepte un hecho como histórico, este debe pasar algunas pruebas documentales, antropológicas, sociales y testimoniales. Este tipo de investigaciones no existían en el pasado, pues son relativamente nuevas. Esa es la razón por la que es muy difícil determinar que algunos de los episodios narrados en las Escrituras, académica y científicamente puedan ser considerados como históricos.

Al respecto, algunos historiadores, sociólogos, antropólogos, geólogos, arqueólogos y afines, trabajan incansablemente para demostrar que los relatos bíblicos sí ocurrieron literalmente. Sin embargo, mientras ellos construyen este propósito, la invitación de la teóloga argentina, es que se asuman los relatos como historias (stories). Esto, según su opinión, no debería presuponer que no sean verdad, sino todo lo contrario. La carga espiritual del libro está en su mensaje, en la propuesta teológica que presenta sobre Dios, la humanidad y la relación entre el primero y la segunda.

No entender este tipo de hechos puede ser peligroso, pues nos puede conducir a asumir la Biblia como libro histórico o científico. En el pasado, esta presunción llevó al asesinato o arresto, por ejemplo de científicos, quienes fueron acusados de herejes. Uno de las casos más destacados es el del juicio a Galileo, quien defendió el postulado de Copérnico sobre la posibilidad real que es la tierra la que gira alrededor del sol y no este y las estrellas alrededor de nuestro planeta, y quien por esto murió privado de su libertad. Hoy en día es ampliamente aceptada la verdad que le costó a él sufrimiento sin razón alguna.

Por eso la Biblia es. Y como tal deberíamos aprender a asumirla. Ni más, ni menos.

Inmersión es deconstructivista por cuanto nos anima a revisar aquello que hemos creído por años para así llegar al inicio de dicha creencia. Una vez arribemos a ese punto primario, podamos reconstruir o simplemente fortalecer las ideas con las que hemos llegado hasta aquí. Esto con el fin de introducir a Jesús como ficha hermenéutica (de lectura) bíblica.

Resulta imperativo advertir que la lectura de este libro puede causar dolor, debido a que el conocimiento, según la Biblia nos puede llevar a este estado.

Ignorancia y fe del Siglo XXI

Desde hace mucho tiempo me ha llamado profundamente la atención la relación del conocimiento tanto con la catástrofe humana narrada en las Escrituras de la caída, como sobre la salvación del mismo.

Por una parte, la desobediencia, según el relato bíblico; llevó a Adán y Eva a comer del árbol del **conocimiento** *del bien y del mal; pero por otra, en palabras de Jesús, es la salvación el* **conocimiento** *del Padre y de su Unigénito (refiriéndose a este último como a sí mismo).*

Y en medio se encuentra el conocimiento caminando de lado a lado; bailando con los desprevenidos transeúntes que describe el mismo texto bíblico; pero por sobre todo, de aquellos que se convierten en el objeto de los relatos, y por supuesto, quienes nos acercamos a ellos.

En ese trasegar se aparece el predicador con un quejido angustioso. Yo puedo sentir el dulce y adictivo dolor que emana de sus palabras, pero que a su vez, me identifica. Uno que no me ha dejado; tal vez porque yo, tan adicto como él, sigo teniendo algo de masoquista, o de iluso (en el mejor de los casos). Pero en fin, volviendo a las palabras de aquel abnegado comunicador de su época, me quedo pasmado con lo asertivo de la afir-

mación; "Porque en la mucha sabiduría hay mucha angustia, y quien aumenta el conocimiento, aumenta el dolor" Eclesiastés 1:18.

Al parecer no tenemos muchas opciones para escoger. El conocimiento, o nos salva, o nos condena. Ignorarlo, de acuerdo al veterano autor, nos dará cierta tranquilidad, que más bien puede percibirse como un anestésico que nos mantiene contentos, llevándonos al margen de lo que verdaderamente podemos soportar.

Este último camino me resulta no menos que peligroso. Ignorar el conocimiento, en últimas, no es más que embriagarse con el vino que sirve a la mesa la ignorancia. Yo conozco muchos que andan así, borrachos por la vida; por la iglesia, por la casa. Son tan felices que a veces me da envidia y quisiera unirme a la fiesta.

Pero me acuerdo que soy un melancólico, que lo mío no son los gritos, ni las carcajadas; sino la nostalgia de mi propia embriaguez, porque si de ignorancia hablamos, todos andamos con la botella debajo del brazo.

Entonces, caminamos por la vida sin estar condenados del todo, pero tampoco salvos. ¿Cómo es que la condena es el conocimiento y la salvación también? Pero claro, cuando camino las veredas del medio, en donde ni lo uno, ni lo otro, entiendo que así vamos, tambaleando, haciendo camino al andar, como diría el cantor.

La diferencia es la elección. Alguien dijo que el conocimiento es el ejercicio de escoger selectivamente aquello que se ignora. Una deliciosa paradoja que quita el sueño, y que para quienes son conscientes de ella, es el camino a la muerte. ¡Pero como morir es ganancia!...

Aquí me quedo muriendo, escogiendo, buscando qué ignorar y qué no (en lo posible, aunque lo posible no existe; así el predicador del domingo diga lo contrario, afirme que es lo imposible lo que no existe).

Yo ya tengo mi excusa para ahondar en la denuncia que leí en el Eclesiastés; muchos otros tienen la propia para mantenerse al margen, sedados, ignorantes. "Es que la letra mata", dicen mientras sus obesas capacidades de razonamiento se regodean con una espiritualidad que canta lindo los domingos y se harta de lo que el pastor les dice. "Es que a Dios no lo podemos estudiar", afirman otros que se mantienen a una distancia segura de los libros, esa que les aleja del peligro del cuestionamiento, la duda, el ejercicio fáctico del razonamiento. "Es que soy un custodio de la sana doctrina y no la puedo dejar escapar", musitan otros, convencidos de sus palabras; de ese convencimiento que justamente le llega al caminante, quien perdido de la borrachera, tiene una laguna mental tan grande, que ya se ahogó en ella. Hace rato.

Yo los escucho y suspiro, mientras los veo borrachos desde mi propia embriaguez; no somos muy diferentes. Al final del día, su frescura y mi angustia se reúnen en las espesuras del universo para burlarse de nosotros, para seguirnos distrayendo y convencernos que lo estamos haciendo bien y que son esas borracheras, las que nos deben mantener alejados, en vez de vivir en la sobriedad del amor.

---

[1] Hermenéutica. De la interpretación de los textos

[2] Exégesis. Del uso de herramientas disciplinarias para realizar hermenéuticas que se acerquen lo más posible a la intención de los autores

[3] Entendido como la construcción social individual derivada de la educación, primera infancia, relaciones interpersonales, influencia de la sociedad sobre el sujeto como objeto de esta

[4] Referente al Antiguo Testamento

[5] Soto, César. *Metáforas*. Estados Unidos: Kate & Cumen. 2017. Impreso

[6] Juan 5:39

[7] La Biblia no es un libro científico. Entrevista a Carlos Esteban Cuervo. David Gaitán https://davidgaitan.wordpress.com/2014/09/12/la-biblia-no-es-un-libro-cientifico/

[8] Bell, Rob. *What is the Bible*. Estados Unidos: Harper One. 2017. Impreso

CAPÍTULO 1
Biblia: Naturaleza y Objeto

Naturaleza

Como nos hubiésemos podido percatar anteriormente, nos acercamos a los textos desde nuestros propios constructos, los cuales irremediablemente influyen en la manera como los leemos, querámoslo o no. La Biblia no es la excepción. Se ha convertido en una práctica común, en nuestras latitudes geográficas, entender las Escrituras como libros contemporáneos que debieran asumirse desde la literalidad, las cuales dictan normas morales y éticas que debemos seguir al pie de la letra, un compendio de resoluciones que se convierten en normas de fe incuestionables (en el sentido que no se debe hacer preguntas a los textos, sino que debemos pensar de ellos tal y como hemos aprendido durante los años) y una clara recopilación de resoluciones comportamentales que nos habilitan para emitir juicios de valor en contra de aquellos que no las atienden. Este tipo de hechos se ocurren, entre otras cosas porque se nos dificulta reconocer cuál es la naturaleza del libro.

Normalmente cuando formulo esta pregunta a personas con creencias genuinas, la meditan durante un largo lapso de tiempo, y al final la respuesta es un escueto 'no sé', lo que se puede traducir en que tendemos a vivir una fe desinformada. El interrogante es, *¿En dónde reposan los pergaminos originales escritos a puño y letra de Moisés (Pentateuco) o de su escriba de cabecera?* Generalmente va acompañada de esta otra, *¿De qué año datan los pergaminos más antiguos disponibles?*

La respuesta honesta a estas preguntas debería invitarnos a la más profunda reflexión, pues de la Biblia conocemos muy poco y la defendemos *a capa y espada*, sin razonar un ápice sobre su realidad histórica.

El profesor de teología e historiador español Xabier Pikaza explica que a través de la investigación histórica un gran porcentaje de la cristiandad ha cuestionado asuntos que anteriormente se daban por hecho, como por ejemplo la edad de la tierra, la cual se calculaba que hubiese comenzado a existir entre los años 7.000 aC y 6.000 aC [9]. Aunque todavía hay personas que creen en la *Tierra Joven*, muchas denominaciones, a pesar del relato del Génesis, aceptan que nuestro planeta bien podría tener millones de años.

Siguiendo a rajatabla la literalidad cronológica bíblica[10], podríamos deducir que el personaje Moisés, de haber caminado por este mundo [11], lo habría hecho alrededor del año 1.200 aC. A él se le adjudica la autoría de los primeros cinco libros de La Biblia, conocidos como Pentateuco. Para el profesor Pikaza, este hecho no debería pasar desapercibido para todo aquel que quiera informarse un poco sobre su propia base de fe, la naturaleza de la Biblia.

Según algunos datos aportados por la historia, el lenguaje alfanumérico (escrito occidental) se habría desarrollado alrededor del año 1.800 aC, lo que presupondría que en un sentido estricto, antes de esa fecha sería imposible determinar que cualquier relato podría considerarse cien por ciento exacto, históricamente hablando, puesto que no existirían pruebas documentales de los mismos. Insisto, esto tiene que ver con la literalidad, y subrayo esta palabra, de las historias.

Lo que quiere decir es que sencillamente, desde la historia como disciplina científica, resulta imposible corroborar que los hechos descritos en la Biblia, realmente ocurrieron. Esto no debería resultar desesperanzador, más bien debería llevarnos a entender que la naturaleza del texto nos brindará herramientas maravillosas para poder encontrar en él el mensaje teológico que Dios nos quiere transmitir. Esto no es un ataque a las Escrituras, es un elemento factual para enriquecer nuestra lectura de las mismas.

De esta manera, y sin documentos escritos que respalden la historicidad de los relatos, nos queda la posibilidad de la tradición oral. Esto quiere decir que, de haber ocurrido literalmente la creación del mundo descrita en el Génesis uno y dos, quien haya sido testigo de ella lo contó a sus hijos e hijas y estos a los suyos y así por durante por lo menos cinco mil años hasta llegar a oídos de Moisés, quien los habría recopilado.

La alternativa, es que Dios mismo le haya revelado al autor el contenido de sus textos, lo cual, curiosamente no está reseñado en el mismo relato bíblico.

Pero ahí no terminan los retos que debería afrontar la teoría de la divinidad de las letras Escriturales. Si asumimos que Moisés en verdad escribió de su puño y letra los libros que se le adjudican, lo habría hecho, por obvias razones, en la época en la que habría vivido. Lo cual dejaría como resultado fáctico que esos escritos se perdieron. No existen.

Frecuentemente escucho a entusiastas predicadores argumentar sus posiciones haciendo referencia a los textos bíblicos originales. Pues bien, una fe informada reconoce que tales textos no existen. Lo que hay, son los pergaminos más antiguos disponibles. En el caso del Antiguo Testamento, los rollos del Qumrán, que datan de alrededor del año 100 aC.

Esto en palabras sencillas quiere decir que desde la fecha en que el autor del Pentateuco habría vivido, hasta el manuscrito más antiguo disponible, pasaron por lo menos mil cien años. De tradición oral, en el mejor de los casos, o de escrituras perdidas, alteradas, interpoladas, o inexistentes.

Para ejemplificar esto, podríamos echar mano del popular juego de niños, *el teléfono roto*. Este consiste en formar a los participantes en línea uno al lado del otro. Una vez hecho esto, el moderador deberá decir al oído una frase al primer jugador, cerciorándose que nadie más la escuche. Esto deberá repetirlo quien ha escuchado la frase a su compañero del al lado y así sucesivamente hasta que el mensaje llegue al último jugador formado en la fila, quien deberá decir la frase en voz alta para todos.

La idea es que la dinámica sea lo más rápido posible y a su vez que cada jugador diga la frase una sola vez, sin repetición. De esta manera, podrá medirse la fidelidad de los canales de transmisión del mensaje de un inicio al final. Usualmente las carcajadas ponen punto final a la dinámica, puesto que la frase final tiende a distar exponencialmente de la idea original propuesta por el moderador al inicio.

Si esto ocurre con un mensaje sencillo, en medio de la inmediatez de tiempo y espacio, ¿Podríamos imaginar cómo sería con mensajes complejos, con autores de diferentes idiomas, en distintos lugares geográficos y espacios de tiempo de decenas o cientos de años?

Uno de los argumentos más importantes esgrimidos por la ortodoxia evangélica al respecto, es que Dios mismo preservó el mensaje Bíblico intacto desde el comienzo de la creación y hasta la actualidad sobrenaturalmente, de acuerdo a su omnipotencia. Sin embargo, esta posición podría ser fácilmente cuestionada al ver las numerosas divergencias religiosas construidas con base en las Escrituras y disímiles entre sí. Desde expresiones de fe como la Católica de Roma, hasta los Testigos de Jehová, pasando por los Evangélicos y los Protestantes, todos auto-adjudicándose la verdad, y la manera correcta de interpretar la Biblia, desde la cual llegaron a sus conclusiones dogmáticas.

De ser así tendríamos, sólo en el caso del Antiguo Testamento, una tradición oral de más de 5.000 años para su escritura y de otros 1.000 para su reproducción (copias de copias) a los textos más antiguos disponibles. El caso del Nuevo Testamento tiene la misma dinámica. Si Jesús nació en el año primero y vivió hasta los 33, pero los evangelios datan de entre el año 70 y el 100, tenemos un silencio de más de 40 y hasta 70 años. Así mismo, los textos más antiguos disponibles, datan del siglo primero después de Cristo. No siendo estos tampoco los originales [12].

Como si este reto no fuera suficiente, la Biblia que tenemos en nuestras casas debe enfrentarse a otro reto más, la traducción. Esto quiere decir que lo que leemos el domingo en la iglesia, no es necesariamente lo que los *autores originales* escribieron y mucho menos lo que quisieron decir.

Para tener un acercamiento más o menos decente a este asunto, podemos echar mano de una práctica que se ha popularizado en nuestra sociedad religiosa contemporánea. La traducción de canciones religiosas del inglés al español. Los conocedores de este oficio coinciden en que este no es un trabajo fácil si de mantener la fidelidad del mensaje se trata.

Hacer encajar la traducción, más o menos acertada, en los tiempos de la melodía puede convertirse en una tarea maratónica, pues si se conserva la métrica, podría llegar a sacrificarse el mensaje, pero si se conserva el significado lo más literal posible, podría terminar sacrificándose el tiempo y de esta manera, correr el riesgo que se termine modificando la melodía.

Así ocurre con las traducciones bíblicas. El Antiguo Testamento fue escrito en Hebreo, el Nuevo, en Griego Koiné [13]. Sin embargo, el idioma que se hablaba en los tiempos de Jesús era el arameo, posiblemente usado por el Maestro de Galilea y sus discípulos.

En principio, los textos bíblicos fueron traducidos al latín, idioma en el que se solían oficiar las liturgias religiosas en la Iglesia Católica de Roma, la históricamente más influyente. Fue gracias al trabajo de los reformadores, que las Escrituras ahora pudieron estar disponibles a otras lenguas, plantando el principio de la popularización del acceso a ellas.

En la actualidad contamos con varias versiones en un mismo idioma. En español, la precursora sería la Reina Valera, pero hay muchas más; desde la Dios Habla Hoy, pasando por la Biblia de las Américas y La Nueva Jerusalén, hasta la Nueva Versión Internacional o la Nueva Traducción Viviente.

Una preocupación genuina suele quitar la tranquilidad a miles de creyentes cristianos en nuestro vecindario. Se trata de la duda sobre cuál es la mejor versión, la más acertada, la verdadera Palabra de Dios. Al respecto bien valdría la pena que consideráramos la posibilidad que ninguna versión es buena o mejor, aún sobre las demás, sino que son simplemente diferentes. Con diferentes equipos humanos de traducción, diferentes métodos y distintas visiones semánticas, históricas, lingüísticas, etc. Diferentes.

Pero el tema de las traducciones tiene implicaciones todavía mucho más interesantes. Hasta el día de hoy, expertos biblistas, traductores y teólogos no se ponen de acuerdo sobre temas doctrinales o semánticos. Hay muchas razones que contribuyen a esta realidad, una de las más importantes es la dinámica del lenguaje.

El oficio del traductor contemporáneo en escenarios seculares se complica cuando se encuentra con que una palabra o expresión presente en un idioma, no está exactamente en el otro. Un clásico y sencillo ejemplo de esto lo encontramos en el verbo To Be del inglés. Depende del contexto, la traducción de este verbo base del idioma anglo es *'ser'* o *'estar'*. Ambas, pero sólo una a la vez. En español tenemos las dos palabras que se diferencian entre sí en escritura, pronunciación y significado.

Este tipo de particularidades son relativamente fáciles de superar gracias al contexto literario. La inmediatez del tiempo es una herramienta de ayuda invaluable para poder hacer un buen trabajo cuando de estos percances se trata. Sin embargo, en el contexto bíblico la cosa se complica un poco, puesto que algunas de las palabras que se encuentran en los pergaminos más antiguos disponibles, están en desuso, ya no existen y se ignora por completo su significado original. Ante este panorama, no queda otro camino que la interpretación por parte del traductor, en el mejor de los casos, o la especulación, en el peor.

El lingüista y teólogo colombiano Alvin Góngora, reconoce que todo traductor es en realidad un intérprete. Esta idea no debería resultarnos extraña, cuando hemos sido testigos de primera mano de la dinámica lingüística. Un ejemplo de esto, es el avance de la tecnología, la cual no le permitió a las nuevas generaciones conocer dispositivos de almacenamiento de datos como el diskette.

En la red de internet podemos encontrar graciosos videos en los que invitan a algunos adolescentes para que tengan contacto con este tipo de dispositivos, y quienes, al tenerlos en sus manos, no saben, literalmente qué hacer con ellos o para qué funcionan.

En algunos años más, estos dispositivos quedarán archivados en la historia y el olvido. Las personas no sabrán la utilidad de los mismos, pero mucho menos las dinámicas sociales alrededor de ellos. Así, cuando dentro de unos años, algún traductor deba interpretar el diskette, si no tiene suficientes herramientas históricas, no podrá realizar un trabajo preciso o por lo menos acertado.

¿Qué es un diskette? Podría preguntarse el lingüista en el futuro hipotético que nos invita a la reflexión. Tal vez obtenga su respuesta enmarcada en ciertas generalidades que le permitirían dejar escapar aquellos detalles sociales de los que hablamos algunas líneas atrás. Por ejemplo, difícilmente se percataría que en algún tiempo, se necesitaban desde dos y hasta diez o quince diskettes, para poder guardar un solo archivo. Todo por su pequeñísima capacidad de almacenamiento.

Todavía recuerdo la felicidad al insertar y sacar el último diskette, mientras se recibía la notificación por parte de la computadora sobre el éxito de la transferencia. Pero esa alegría se veía amenazada por la preocupación causada por la posibilidad que uno de esos diskettes se dañaran y se perdiera el archivo, obligándonos a hacer todo el proceso de copiado, desde ceros, nuevamente. Este tipo de dinámicas se escaparán al futuro traductor-intérprete.

Lo mismo ocurre con la Biblia. Por ser esta una compilación de libros tan antiguos y disímiles entre sí, tanto geográfica como cronológicamente; hay casos de verdad polémicos que son objeto de discusión y no acuerdo entre expertos teólogos, traductores y biblistas. Hay palabras que no tienen su equivalente a nuestros idiomas actuales, y lo peor, es que mucho menos tienen todo el contexto social-histórico disponible. Esa es, entre otras, una de las razones por las cuales al final la especulación hermenéutica tiende a ser tan común en medio de diversas expresiones de fe y posiciones dogmáticas.

En palabras sencillas, la Biblia que leemos en la casa no es en realidad la Biblia, sino traducciones e interpretaciones de unos documentos que no son los originales, sino copias de copias que distan varios cientos de años de los escritos a puño y letra de los autores. Cuando alguien nos pregunte si hemos leído la Biblia, bien podríamos responder que no. Que lo habremos hecho en el momento en que vayamos al Mar Muerto o al Vaticano y sabiendo nosotros los idiomas en que están escritos, entendamos lo que dicen. Justo en ese momento sí habremos leído la Biblia, o por lo menos la versión más antigua disponible.

En este sentido, bien podría llamarnos la atención que la fe evangélica no cuente con alguna herramienta hermenéutica unitaria, o por lo menos *unicitaria*, en el sentido de que abra la posibilidad del diálogo entre sus diversas vertientes para tener una guía sobre cómo acercarse a los textos, incluso, si se quiere, desde sus propios dogmas.

Muchas expresiones de fe las tienen, incluyendo los siempre venerados por la comunidad evangélica dispensacionalista [13], los judíos. Ellos desarrollaron el Talmud, por ejemplo; el cual es un documento, incluso de mayor extensión que el mismo Tanaj (Antiguo Testamento), desarrollado por rabinos de diferentes escuelas, en el que hacen comentarios de interpretación, aportan conocimientos, emiten elementos de juicio y retroalimentan enriqueciendo el texto con sus experiencias comunitarias religiosas y *contemplativas*.

En un apartado anterior, nos percatamos de la naturaleza de la premisa reformadora *"Sola Scriptura"* y su pertinencia en nuestra contemporaneidad al momento de querer realizar una lectura juiciosa, profunda, e incluso académica del texto bíblico. Al respecto, un elemento que no deberíamos dejar escapar es el proceso que enmarcó y definió el Canon Bíblico alrededor del 397 dC.

Si por un lado, tenemos los retos que las Escrituras deben superar desde la tradición oral, con todas sus dinámicas y, por otro, las posibilidades interpretativas de los traductores bíblicos; debemos también añadir a estas consideraciones, que es finalmente el establecimiento del Canon, una obra humana, según unos y otros, guiados por el mismo Dios; sin embargo, como resultado final uno con los Deuterocanónicos y otro sin ellos.

Pero la cereza del pastel en esta oportunidad está patrocinada por el mismo padre de la Reforma, Martin Lutero, para quien ni el libro de Apocalipsis ni el de Santiago deberían estar dentro de la Biblia, ni ser asumidos como *inspirados* ¿Será que estos no son Palabra de Dios?

En este escenario, la invitación que bien podríamos considerar, es encontrar un elemento hermenéutico o interpretativo que pudiera ser la *vara que guía*. Así, esa invitación apunta al mismo Jesús.

¿Es la Biblia un libro histórico?

Los más acérrimos defensores de la historicidad bíblica, suelen leerla con literalidad a rajatabla. Ellos creen que el mundo fue creado hace un poco más de seis mil años y en seis días; además que todos los personajes fueron reales, en el sentido que existieron literalmente, son históricos y no solo historias.

Esta creencia está siendo debatida con diligencia por la ciencia. Producto de esto, es que varios teólogos creyentes alrededor del mundo, se están afiliando a las diferentes teorías científicas sobre la formación de la tierra y el inicio de la vida en nuestro planeta. En algunos casos más, se están aceptando hechos históricos que en principio podrían ser contrarias a la fe ortodoxa cristiana, pero que en realidad y de acuerdo al método de lectura aplicado al texto, son complementarias.

El pastor Chileno César Soto explica que uno de los errores comunes en los que fácilmente podemos caer, es intentar leer un poema como si se tratara de una noticia periodística. Así suele ocurrir con el Génesis uno y dos, al tratarse estos relatos de un poema [15]. Todas las figuras literarias empleadas en esas líneas hablan de la realidad desde la belleza literaria. Esconden detrás las profundidades del mensaje que Dios quería mostrarnos para que pudiéramos conocerle.

Hay una palabra que se está visibilizando cada vez más en círculos teológicos y que a su vez tiene aterrorizados a muchos estudiantes que la encuentran como una amenaza, pero que en realidad aporta elementos muy interesantes de discusión. Se trata del *mito*, como base de fe.

El teólogo alemán Paul Tilich recomienda que no deberíamos asociar el mito a la mentira, sino que podemos aprovecharlo al máximo si entendemos su naturaleza y, sobre todo, el mensaje que está detrás. En consonancia, el mito es una construcción comunitaria que devela las profundidades de la verdad de una manera clara, bella y profunda.

¿Y si los personajes Adán y Eva, por ejemplo, son míticos y no existieron literalmente; eso pone en riesgo mi fe? Preguntarnos ante las posibilidades no debería matar nuestras creencias, sino todo lo contrario, fortalecerlas y complementarlas. Por estar debatiendo sobre si ellos caminaron o no en nuestra tierra, es que estamos perdiendo lo importante, la esencia; el mensaje en el relato, la enseñanza que Dios nos creó a su imagen e iguales y que esa expresión de amor, debería extenderse a nuestro alrededor, convirtiéndonos también en creadores

mientras honramos la creación.

La investigación histórica-antropológica reconoce que es imposible probar la creación en seis días literales, todos los indicios apuntan a otros escenarios diferentes Si el mundo no se creó en ese tiempo, ¿Esto afectaría irreparablemente nuestra fe? Si Abraham no existió, ¿Esto me decepcionaría a tal punto que no haría caso al mensaje en el relato sobre que Dios no se agrada de sacrificios humanos? Si Moisés es solo un personaje y no caminó en esta tierra, ¿Voy a desechar la enseñanza que me muestra el valor que Dios le da a la libertad? Así como asegura el escritor estadounidense Rob Bell, la Biblia son historias reales, de gente real que nos quiso hablar de Dios. Esto no quiere decir que necesariamente hayan ocurrido en términos históricos, pero tampoco que sean falsos. No, lo que quiere decir es que el mito no es mentira y que a los receptores de este mensaje en el tiempo en que lo hicieron, no les importaba si la historia realmente ocurrió, no la asumen en términos científicos, porque sencillamente no existía la historia como disciplina de investigación, como la conocemos hoy. Ellos tenían su realidad y esta era suficiente.

Hoy día somos nosotros los que nos complicamos con este tipo de discusiones. La Biblia es y no nos compete a nosotros tratar de cambiarla o acomodarla de acuerdo a nuestras expectativas o estándares. Ya basta de eso. ¿Y si más bien la leemos tal y como es? Seguramente nos sorprenderíamos de lo que lograríamos si lo intentamos.

En ese sentido, si asumiéramos que mito no es sinónimo de mentira y en algún momento nos encontramos con esa *palabreja*, podríamos liberarnos para ver el milagro detrás del milagro. Entender el mensaje principal de los relatos, y descubrir que ese mensaje, no necesariamente contradice lo que hemos asumido como unívoco por muchos años, sino que lo complementa. Posiblemente en otras oportunidades lleguemos al cuestionamiento y deconstrucción de dogmas.

Para dar un ejemplo de esto, el teólogo César Soto echa mano del milagro de Jesús con el leproso. Normalmente nos dejamos deslumbrar con lo sobrenatural de aquel hecho. ¡Un hombre fue limpio de una enfermedad imposible! Sin embargo, para el pastor chileno el milagro está en realidad en el momento en el que Jesús lo toca. Imaginarse un escenario en el que un ser humano no haya recibido un toque durante toda su vida, es como mínimo, macabro.

La ley establecía que quien era inmundo a causa de la lepra, debía permanecer aislado. Esto es un nivel de rechazo que difícilmente cabe en nuestras mentes. Este hombre padecía una enfermedad física, pero a su vez esta no se compadecía de la del alma. La soledad, baja autoestima y tristeza eran las condiciones que se habían normalizado en la vida de aquel personaje sin nombre. Era tal su condición que su adjetivo se convirtió en su identidad. Leproso.

El Maestro de Galilea lo toca. Si bien aquel toque sanó su cuerpo, en realidad lo eterno se traduce en que al hacerlo, llegó hasta el alma. Esto es muy profundo y poderoso, porque incluso, si las llagas en su piel no hubieran desaparecido, de igual forma su interior habría quedado limpio, reluciente y libre. Este hombre fue amado, fue tocado. Alguien lo valoró por quien era, y no por quien sus circunstancias externas habían determinado. Entender el mensaje teológico de los relatos nos llevará a profundidades inimaginables.

Algunos críticos bíblicos, entre los que se encuentran grupos ateos y agnósticos se indignan por el evidente etnocentrismo bíblico hacia los judíos. Esto no debería resultarnos extraño, ni motivo de decepción o inconformismo. La Biblia fue escrita por judíos y para judíos.

Sus historias son sobre ellos, sus leyes para ellos, sus intenciones para beneficiarlos. La Biblia es judía y el hecho que se desprende de esto es que las demás naciones que la adoptamos, deberíamos como mínimo entender la cultura judía para de esta manera comprender los porqués que se desprenden de sus páginas. Por supuesto que Las Escrituras hacen parte del equipo Israelí. Está en su naturaleza.

Hoy día vivimos tiempos muy diferentes a los del pueblo judío al que iban dirigidas las letras del Sagrado Libro. No solo desde el punto de vista étnico, sino social, comportamental-antropológico, político, e incluso económico. La conciencia sobre estas diferencias nos liberará en cuanto al alcance que sus líneas tengan sobre nosotros. Y esto es importante.

En palabras sencillas, la Biblia integralmente no fue escrita pensando en nosotros, sino en los judíos, así el pastor cada domingo invierta todas sus energías en intentar convencernos de lo contrario. Esto, por supuesto, teniendo en cuenta algunas excepciones como las cartas paulinas y las epístolas universales. Sin embargo, aún estas últimas no fueron pensadas en nuestras sociedades contemporáneas, sino que respondían a retos que se presentaban en el mundo del Siglo I.

¿Esto quiere decir que deberíamos desechar el libro y olvidarnos de él? Esto quiere decir que debemos acercarnos al libro y darle el lugar que tiene. Ni más, ni menos. Si comprendemos y aceptamos su naturaleza, este tendrá mucha más relevancia y riqueza liberadora.

Estas son las razones por las cuales Jesús se encuentra con la creencia en medio de su audiencia que la salvación es y viene de los judíos. ¡Claro! Es que este es su libro, y en rigor, somos nosotros quienes lo hemos tomado prestado para sostener nuestras propias expresiones de fe. En última instancia, esto no debería tomarnos por sorpresa, sino entenderlo. Así ha sido por muchos siglos y tiene sus causas, como sus evidentes consecuencias.

Para poder tener un acercamiento más o menos informado de este asunto, deberíamos prestar atención a la historia de la iglesia. En ese terreno, el teólogo ecuatoriano Ángel Manzo, presenta un resumen cronológico corto, conciso e impecable en su obra recopilatoria *Jesús antes del Cristianismo*, donde nos hace conscientes de la agenda de Roma dentro de las aspiraciones de propagar la fe cristiana en el mundo conocido y sus inevitables secuelas, muchas de ellas no tan generosas como hubiésemos querido.

El proceso de adoptar una Constitución e historias fundadoras de un pueblo en particular y minoritario, en un espacio de tiempo pasado bastante particular, a nuestras sociedades actuales, ha traído no pocos puntos de divergencia y disputa que han dejado vacíos en las prácticas de fe contemporáneas y que como consecuencia, generan dinámicas basadas en violencias, rechazos, decepciones, e incluso, abusos, lamentablemente.

Sin embargo, y muy a pesar de estas experiencias, y volviendo a la propuesta de Bell, los relatos fueron escritos por personas reales en contextos reales, dirigidas a otras personas reales que en su camino estaban construyendo su vida de fe y relación con Dios. Las Escrituras judeocristianas tienen elementos fascinantes y llenos de misericordia, los cuales toman distancia de otras religiones y expresiones de su época por su sentido social a favor de la viuda, el huérfano, el inmigrante y la misericordia en general a favor del pobre, el desprotegido y la clase servidora como los levitas. El rechazo a prácticas comunes como el sacrificio de humanos, o el falso testimonio, la valoración y defensa de la propiedad privada, la defensa de la vida civil y los niños, son elementos que le dan un significado destacable aún en medio de una sociedad violenta y guerrerista como la contemporánea a sus narrativas.

Sin embargo, algunos movimientos teológicos y biblistas cristianos en nuestros días temen que el respeto, admiración y atención prestados al texto bíblico, pueda transformarse en una suerte de **bibliolatría**, un tipo de idolatría que pueda llegar a opacar la voz de Dios. La teóloga argentina Cristina Conti explica que el peligro en realidad radica en que, como suele ocurrir con la idolatría, le demos el lugar del Creador a la creación y la adoremos. Entendiendo el texto como inspiración de Dios, pero el cual no podría jamás superarlo.

En ese sentido nace el interrogante, *¿Cuál es la Palabra de Dios?* Si la respuesta a esta pregunta es *La Biblia*, además de los retos que ya hemos enumerado en este documento y que esta debe superar, debemos agregar otros interrogantes a lo largo también de la presente obra.

Por lo menos, un inicio a esta intención es poder establecer, en términos bíblicos, la pertinencia de esta naturaleza desde la inspiración divina del texto. En su libro *La Biblia misma no afirma ser «inspirada»: Un análisis y comentario crítico, exegético y valiente del texto griego de 2 Timoteo 3.16*

Y otros catorce artículos de mucho interés (Spanish Edition), el profesor de teología y biblista dominicano Héctor Benjamín Olea, presenta algunos interesantes interrogantes al versículo que reza, "Toda la Escritura es inspirada por Dios y útil para enseñar, para redargüir, para corregir, para instruir en justicia" de 2Timoteo 3:16.

Entonces se cuestiona el académico, ¿A cuál escritura se refiere el autor bíblico, a ese solo versículo? ¿A sólo el capítulo? ¿A toda la carta que contiene el versículo? ¿A todo el Nuevo Testamento? ¿A toda la Biblia, teniendo en cuenta la pugna al respecto de la inclusión de los Deuterocanónicos? ¿A toda la literatura judía? ¿A toda la literatura mundial, incluyendo la latinoamericana, por ejemplo? Ante estos interrogantes, cualquier entusiasta activista ortodoxo suele responder que es claro que se refiere a la Biblia; sin embargo, y en rigor, en realidad esta suposición no es para nada clara.

Y no lo es por algunos de los hechos de los que nos hemos percatado anteriormente, incluyendo las presunciones del reformador Lutero de sacar del canon al Apocalipsis, Santiago y Otros. Pero si asumimos los interrogantes planteados por el profesor Olea con responsabilidad y seriedad, podremos llegar a una conclusión. No hay conclusión.

Incluso, a sus preguntas se suman otras voces, como la del profesor en Teología puertorriqueño Julio Álvarez Rivera, quien plantea que en traducción estricta, el texto bien podría leerse en español *"Toda la Escritura que es inspirada por Dios [...]"*, Una versión que tampoco saldría bien librada de los interrogantes, pues, ¿Quién determinaría qué Escritura es realmente inspirada? Bien vale recordar, que por lo menos el Canon Bíblico fue consensuado por seres humanos, según ellos guiados por el Espíritu Santo.

En esta última sentencia, hay un convencimiento algo macabro, pues en última instancia, todos los cristianismos y sus vertientes afirman lo mismo y lo argumentan desde sus propios dogmas, sin importar qué tan disímiles sean entre sí. Todos lo hacen.

El asunto podría desenvolverse de manera prístina, si el mismo Espíritu Santo apareciera visible y audiblemente y nos dijera quién, en este caso, podría ser el poseedor de tal verdad. Sin embargo, como eso no va a ocurrir y las pretensiones sí tienen cara de querer perpetuarse, deberíamos procurar recurrir a herramientas exegéticas que más o menos nos acerquen a posibilidades menos pretensiosas y más aterrizadas sobre el mensaje Escritural.

Sin embargo, la fresa del pastel al respecto, la aporta el profeta Jeremías en el capítulo 8, versículo 8 de su libro. En él, el religioso hace una denuncia en palabras de Dios, *"Cómo pueden ustedes decir que son sabios y que tienen la ley del Señor?¡Si los cronistas, con pluma mentirosa, la han cambiado!"*. En este texto, la misma Biblia reconoce que sus líneas han sido manipuladas por intereses de los escribas. ¿Recuerdan que hablamos de la tradición oral y de las copias de copias desde los textos originales hasta los más antiguos disponibles? ¡Exacto!

Por el contrario, no hay un texto explícito que indique que las Escrituras son la Palabra de Dios. Si leyéramos con detenimiento, las referencias que se hacen a la Biblia, o las Escrituras no son concluyentes en demarcar cuáles son esas Escrituras, cuáles deberían incluirse o cuáles excluirse de este grupo. Todo queda a la conclusión teológica del lector.

En este escenario, resultaría pertinente que nos preguntásemos cómo estamos leyendo la Biblia. Al final no es lo que ella dice, sino lo que nosotros entendemos, o interpretamos.

Aún si tuviésemos el texto libre de manipulaciones, interpolaciones o interpretaciones que se alejaran de la idea original, lo cual es muy poco probable, todavía tendríamos el reto de poder leer exactamente lo que el autor quiso escribir. Esto es un imposible, de acuerdo a las dinámicas de la comunicación escrita.

Sin embargo, la esperanza es que nos podemos acercar a este deseo en la medida en que usamos más herramientas y perspectivas de lectura. No sólo en la Biblia, sino en cualquier texto al que nos enfrentamos; pero especialmente con las Escrituras judeocristianas, todo, por la naturaleza del texto que ya hemos considerado con cierta amplitud hasta ahora.

En esta intensión podemos escoger dos caminos, el de la *eiségesis* o el de la *exégesis*. Al respecto, puede resultarnos como mínimo llamativo, que quienes defienden el uso de la segunda, suelen utilizar la primera como herramienta de interpretación. Pero no se dan cuenta. O se tejen argumentos a favor de esto, todo porque las lecturas bíblicas se hacen desde el prejuicio, en el peor de los casos y el constructo en el mejor.

Para poder acercarse al estudio exegético, se hace necesario despojarse en lo posible de estas últimas características y escuchar con atención para entender lo que el texto tiene para decir y no para responderle, usándolo como suele hacerse, con el objeto de sustentar ideas preconcebidas.

Para dar una respuesta a esta necesidad, es que disciplinas como la Baja Crítica o la Alta Crítica se levantan para proponer procesos y herramientas de interpretación, añadiendo elementos a considerar en el momento en el que se hace una lectura.

La Baja Crítica se concentrará en la crítica textual, los escritos como tal. Ella se interesará en la semántica, los significantes y significados que intervienen en los procesos semióticos de las palabras y los idiomas en los que fueron concebidas las palabras consignadas en los libros.

La Alta Crítica aportará material desde la ciencia blanda y la disciplina investigativa. Tales elementos pueden resultar incluso violentos o disruptivos, pues cuestionarán el dogma histórico desde la lógica de las pruebas *evidenciales*. Así, la historia, la antropología, la astrofísica, la química, la biología, la sociología, la arqueología y otras, tendrán siempre algo que decir con respecto al texto bíblico y sus postulados.

Esto no quiere decir que niegue la verdad bíblica, sino que por el contrario lo que busca es aclarar el lugar del relato, si en lo histórico o en lo mítico, si en lo literal o en lo metafórico, si en la narrativa o en la crónica. Estas posibilidades nos brindarán mayor claridad al momento de asumir cada una de las historias y las cargas teológicas de las mismas.

Esto tiene que ver con la riqueza cultural del lector y su comprensión del mundo desde la tradición escrita. El lingüista, escritor y teólogo Alvin Góngora, nos regala, al respecto, una de sus frases más hermosas. *"Para explicar el mundo, la ciencia está a varios años de la ignorancia; la filosofía a varios siglos de la ciencia y la poesía a muchos años luz de la filosofía"*. Y como si se lo propusiera, la complementa magistralmente con la siguiente, *"la poesía puede bajarnos la luna, la ciencia no"*.

Considerar con seriedad el trabajo de la Crítica Bíblica,

nos desembocará irremediablemente en la deconstrucción. Ese proceso del que muchos huyen por el temor de quedarse sin piso argumentativo que les brinde la seguridad dogmática que necesitan.

Sin embargo, y de acuerdo al filósofo Frances Jackes Derrida, la deconstrucción no es necesariamente la destrucción de los paradigmas, sino la investigación de los mismos, pero a la inversa. Esto quiere decir que el individuo que quiere deconstruir, deberá cuestionarse sobre el punto de inicio de sus ideas, creencias, principios, comportamientos, valores, etc; llegar a ese punto y responder a la pregunta del por qué y cómo llegó hasta ahí. Se trata de evaluar desde la reflexión qué le dio la carga de valor a aquello que queremos deconstruir. Por ejemplo, si el objeto de nuestra reflexión es el asunto del beber vino, deberíamos preguntarnos, ¿Cómo llegué hasta el convencimiento que hacerlo es malo/bueno? ¿Quién me lo enseñó? ¿Por qué lo hizo? ¿Cuándo? ¿En dónde? ¿En realidad esto es así? ¿Qué piensan otros al respecto? ¿Por qué? De esta manera, llegaremos al punto de inicio que nos permitirá evaluar las razones de nuestras más arraigadas creencias, posiciones, pensamientos y sus consecuentes comportamientos.

Aplicar este tipo de ejercicios deconstructivistas a nuestras lecturas bíblicas nos enriquecerán en el estudio escritural, a tal punto que podremos fortalecer nuestras creencias, o por el contrario volver a construirlas. Solo así lograremos generar relecturas bíblicas, las cuales contarán con todos los elementos que antes simplemente ignorábamos y que aunque estaban ahí, posiblemente los descartábamos por un sinnúmero de razones que en vez de aportarnos, nos restan.

Objeto
¿Para qué la Biblia?

Antes de poder acercarnos a esta pregunta en presente, bien valdría la pena intentar responderla en retrospectiva. Así, la Biblia tuvo muchos usos o aplicaciones en el pasado, los cuales distan exponencialmente de los nuestros hoy. En este punto bien podríamos interrogarnos sobre si en verdad, en su momento las Escrituras se pensaron para los usos actuales.

En primer lugar, *la ley de Moisés* era literalmente eso, una ley. Esto quiere decir que para el pueblo judío, y guardando las distancias anacrónicas, esta era lo que para nosotros, una Constitución Política. Si intentamos comprender este punto a cabalidad, debemos considerar que las sociedades israelitas descritas en el mismo texto Bíblico, interconectaban toda su cultura. Así se incluía la economía, el sistema educativo, la fe religiosa y la política.

Por ejemplo. El sistema de diezmos que hoy se practica en medio de muchas comunidades cristianas, es en realidad el impuesto bíblico para poder, entre otras cosas sostener el reino de Israel junto a toda su clase sacerdotal y de servicio al templo. Al igual que la educación estaba basada en la Torá [14] durante los primeros años y el Tanaj, hasta la juventud.

Las leyes marcaron directrices de comportamiento en sociedad para garantizar la sana convivencia en medio de una condición totalmente nueva y desconocida para el pueblo. Un reino independiente. Habiendo sido esclavos y ahora al tener que autogobernarse, los judíos debían clarificar qué podían hacer y qué no. Así, la ley judía se construyó sobre algunas bases sociales que la diferenciaba de otras de la región, como por ejemplo su preferencia asistencial hacia los inmigrantes, las viudas y los huérfanos.

Al mismo tiempo, los relatos reforzaban principios éticos y morales, como por ejemplo el rechazo de sacrificios humanos por parte del Dios bíblico como ofrenda presente en la historia de Abraham e Isaac.

En el caso del Nuevo Testamento, la lectura de los textos por comunidades cristianas primarias les daban indicaciones sobre qué hacer y en qué momento. Este elemento es muy interesante por la dinámica que se vivió en medio de la iglesia los primeros años durante los que se estaba consolidando.

Esto quiere decir que en principio Jesús no se propuso fundar una nueva religión, sino que habría querido más bien reformar la sociedad existente en su tiempo. La confusión se habría presentado en el momento en que él, habiendo sido asesinado, y luego de su resurrección, habría ascendido al cielo, dejando a sus seguidores en el justo punto inicial del nuevo movimiento. Hoy podríamos escuchar las preguntas entre ellos sobre *¿Y ahora qué hacemos?* El Maestro ya no estaba y el trabajo había que realizarse.

En ese escenario aparece el Pablo, quien es un personaje bastante profundo, el cual bien valdría la pena tomarse en serio como objeto de estudio. En primer lugar, no sólo por su formación judía, sino también por su preparación académica helenística. El apóstol de los gentiles era un romano que había tenido contacto con las filosofías más populares de su tiempo. En segundo lugar, y no por eso menos importante, sino lo contrario, El hecho que su contacto con Dios no se dio desde la experiencia vivencial, como los Discípulos de Jesús, sino que esta fue a través de la Teofanía [16].

Estos dos aspectos son determinantes en la línea editorial del antiguo perseguidor cristiano de Tarso. Sus letras estarán irremediablemente impregnadas por sus visiones influenciadas de estos dos elementos inherentes a él.

El teólogo chileno Ulises Oyarzún explica que la dinámica de escritura del Nuevo Testamento es como mínimo apasionante por cómo se fue desarrollando [17]. Para este autor, en medio de la dinámica de la iglesia, Pablo comienza a encontrar la necesidad latente de dar directrices a los diferentes grupos cristianos que se iban consolidando en diferentes regiones geográficas. Es cuando, desde sus habilidades como escritor, comienza a dirigir cartas dando instrucciones sobre asuntos particulares que se iban presentando en medio de las comunidades de fe a su cargo. En este punto bien valdría la pena que subrayásemos la particularidad de esas situaciones.

Sin embargo, y tras notar que el inminente regreso de Jesús no resultó ser tan inmediato como lo esperaban, los discípulos que habían compartido con el Maestro se habrían propuesto escribir los evangelios de alguna manera en sentido reaccionario, incluso a las cartas Paulinas. Oyarzún aclara que aunque la visión y esperanza en la promesa de la Segunda Venida seguía ardiente en sus corazones, ellos vieron la necesidad de documentar sobre el Dios que se había hecho humano y que les había dejado una imagen que debía inmortalizarse.

Así, en rigor, durante los primeros años de actividad *eclesiástica*, los cristianos no tuvieron libro, luego, contaron con las cartas apostólicas que iban dibujando una imagen de la deidad en un sentido espiritual *con visos helenísticos*, para al final encontrarse con los relatos de los evangelistas sinópticos, quienes se propusieron presentar la humanidad de Dios en Jesús, sus discursos, actitudes frente a diferentes situaciones y personajes de su época, pero sobre todo, la cotidianidad del Maestro que los inspiró en el movimiento que ahora estaban sacando adelante.

Ahora, la lectura bíblica ha tenido diversos fines a lo largo de la historia y sus discursos pueden prestarse, si se los manipula, para servir a diferentes intereses económicos, políticos, religiosos, e incluso, sociales. De ahí a que desde la Biblia se argumentara a favor de las cruzadas cristianas y la violencia detrás de ellas, se presentara defensa a la esclavitud, se legitimaran asesinatos de herejes, o la cacería de brujas, se reivindicara la violencia chauvinista, e incluso se justificara el asesinato de judíos durante el régimen Nazi.

Esto, entre otras cosas porque la lectura e interpretación del texto bíblico fue exclusivo del clero religioso en Roma y por consiguiente, tal secretismo, se convertía en caldo de cultivo para la ignorancia. Hoy, uno de los retos más importantes que afronta la lectura bíblica, es esa misma ignorancia, desde la cual, a pesar que se puede leer el texto, genera consecuencias desastrosas por cuanto la interpretación del mismo es precaria.

Los reformadores popularizaron la lectura de la Biblia y la trajeron a nuestras manos, ahora es necesaria una nueva reforma que nos brinde las herramientas apropiadas para poder acercarnos a ella y leerla de manera libre, informada, espiritual y con conocimiento de lo que Dios quiso decirnos a través de ella. Una de las grandes críticas a esta aspiración la encontramos en boca de aquellos que dicen que no debemos complicar la fe, que esta debe ser sencilla. Y sí. Pero, la fe está siendo utilizada por los poderosos para hacer todo lo contrario al consejo de Dios. Es allí, justo en ese momento, en el que deberíamos entender que nuestra ignorancia, silencio o pasividad, les dan más poder a ellos, para actuar en detrimento de los hijos de Dios.

La motivación de los reformadores era absolutamente pertinente en su momento. Su idea de popularizar la Biblia se erguía como una voz de protesta en contra de la infalibilidad del Papa de Roma. El llamado Vicario de Cristo era quien dibujaba la línea interpretativa y la doctrina de la iglesia, así se convertía en la Palabra de Dios. La reforma protestante declaró que no, que el sucesor de San Pedro, como ser humano no es infalible y la Biblia, como documento testimonial de la fe, era la verdadera Palabra de Dios.

Sin embargo, al lado de las cinco solas, dentro de las que se encontraba la premisa *Sola Scriptura*, se proclamó también una premisa, *Ecclesia Reformata Semper Reformanda*; una invitación a que la iglesia reformada, continúe reformándose constantemente.

Alrededor de este punto hay detalles inquietantes, como la oposición interna desde diversas comunidades religiosas y teológicas al cambio, a la revisión de dogmas y de creencias que deben ser revisadas. Resulta curioso encontrarnos con que muchas de estas personas y organizaciones aseguran tener la verdad revelada y no están dispuestas a hacer revisiones, así las evidencias estén frente a ellas. La actitud es que ya llegaron a la conclusión y esta, es incuestionable. El resultado es que no, aunque se siga predicando la premisa reformadora, no, la iglesia no está dispuesta a permitirse ser reformada constantemente.

Hoy, en pleno Siglo XXI, estamos leyendo un texto del siglo I aC, con ojos del Siglo XVI dC. Porque seguimos las directrices interpretativas de entonces. Pero lo que no estamos teniendo en cuenta, es que no estamos en el Siglo XVI, y la vida y la sociedad hemos cambiado muchísimo. Por eso bien valdría la pena leer las Escrituras hoy, con ojos de hoy y entendiéndola y aplicándola en lo que corresponda, hoy.

En ese sentido, adoptamos una manera de acercarnos a ella, no como objeto de estudio, sino como fuente de estudio. Los seminarios bíblicos toman pasajes dentro de la Escritura y desde allí construyen un camino que desemboca en la argumentación de sus propios dogmas. Versículos fuera de contexto, estudios sistemáticos y reflexiones teológicas que no permiten el cuestionamiento, e incluso lo satanizan. Pero estas actitudes en vez de permitir el crecimiento del pensamiento relevante, lo están coartando.

Sin embargo, asumir la Biblia como objeto de estudio nos dará libertad para poder construir nuevas teologías que se acerquen, no solo a los linderos del conocimiento, sino de la práctica pastoral, e incluso el desarrollo eclesiástico.

Estas posibilidades van de la mano, no solo de los procesos de evolución de la fe, sino que además, y principalmente, de los humanos como tal. Y tiene que ver con esto, porque el desarrollo social de la humanidad ha estado marcado por la religión a través de la historia.

Por ejemplo, personalmente me causa gracia escuchar a teólogos y pastores quejándose desde los púlpitos y redes sociales del posmodernismo. Usan esta palabra tan peyorativamente, como si del mismo diablo se tratara. Sin embargo, no caen en cuenta que incluso hasta la Reforma Protestante bebe de sus aguas.

Porque la humanidad vivió la premodernidad desde el oscurantismo. No se podía cuestionar nada. La religión tenía la verdad y levantarse en contra de ella se convertía en una afrenta en contra del mismísimo Dios. Hoy pareciera que la iglesia quisiera volver a aquellos tiempos, en los que la estigmatización era el pan de cada día y el asesinato al diferente, el arma de batalla.

Luego, y como respuesta a esto, viene la Modernidad con sus expresiones artísticas, pero también políticas y científicas. El renacimiento libera a los más sensibles, pero la ciencia y el positivismo hacen lo suyo en los terrenos más duros. La balanza se inclina totalmente hacia el otro lado y como la religión no pudo responder nada en términos académicos, la ciencia desestimó toda creencia. Ya no había por qué escuchar a los religiosos.

Como respuesta aparece el posmodernismo, conciliador, que construye un puente entre los extremos y permite que se levanten voces de protesta en ambos sentidos. Sí, el temido mal llamado relativismo estaba dando al pensamiento (incluido el teológico) la posibilidad del diálogo, pero sobre todo, la supervivencia.

Como esta, en la jerga evangélica se han malentendido muchas palabras. Otro de los casos de mayor resonancia es ecumenismo. Y resulta algo perturbador porque mientras por un lado se condena, porque se cree erróneamente que este significa una vuelta a las toldas de la iglesia de Roma, por otro se hacen alianzas interreligiosas para tener incidencia política en los gobiernos de las naciones.

Pero en última instancia, el pensamiento posmoderno, si

bien proclama el relativismo, este último, antes de ser satanizado, bien debería ser entendido e incluso asumido como una herramienta que aporta, indiscutiblemente al buen desarrollo de la fe cristiana en nuestros días. Todos somos hijos del posmodernismo. Nos guste o no.

Por ejemplo, las divergencias doctrinales de una nueva congregación con respecto a su madre, luego de una separación; es síntoma del posmodernismo. De hecho, las divisiones doctrinales dentro de los concilios, algunas de las cuales que terminan en la fundación de una nueva denominación, también. Por supuesto que esto no le conviene al sistema que ostenta el poder. El discurso de obediencia irrestricta e incuestionable a las autoridades ha sido la herramienta que más éxito ha traído a este propósito.

Pero actitudes construidas desde la ignorancia han sido cultivadas desde los mismos púlpitos. Las predicaciones y homilías de domingo han tendido a convertirse en verdaderas piezas magistrales de entretenimiento. Algo comparable a la película que se basa en el libro. Una gran mayoría prefiere la cinta.

La charla en medio del culto o la liturgia tiene todos los elementos para esto. Emoción, llanto, risa, historias con personajes increíbles, desenlaces inesperados, pasión en el narrador, música de fondo, luces tenues. ¡Toda una experiencia sensorial! La cual está empujando a las personas lejos del estudio y cerca, muy cerca de la manipulación.

El ídolo evangélico deja de ser la estatua de antaño y toma vida, palabras y una sonrisa tan carismática como su discurso. Antes el ídolo no oía ni veía, ni hablaba. Hoy da instrucciones, dice qué creer y qué no, cuáles libros leer, qué música escuchar y cuál dejar de oír, con quién casarse y con quién no, cuánto dar en el cofre de la ofrenda, en dónde adorar y en dónde no, cuál es la sana doctrina y cuál la herejía. Todo mientras claramente da directrices para alejarse de lo que *no le agrada al Señor*. Este líder sí que lo sabe bien.

Pero aún se encuentran lugares de resistencia, en donde la gente se está arriesgando a aprender, estudiar, leer, cuestionar, reunirse e indagar, no conformarse, proponer, vivir la fe entendiéndola.

Ya en este punto, y habiendo dejado todos los elementos anteriormente descritos sobre la mesa de discusión, podríamos estar preguntándonos cuál es el objeto de la Biblia. ¿Esta para qué? Es cuando podremos remitirnos justamente a las mismas Escrituras, las cuales nos dan una idea que en lo personal me resulta encantadora.

"Escudriñad las Escrituras; porque a vosotros os parece que en ellas tenéis la vida eterna; y ellas son las que dan testimonio de mí" Juan 5:39

En este apartado el evangelista pone en boca de Jesús unas palabras que como mínimo resultan disruptivas. Es el predicador del camino quien se declara como el objeto de las Escrituras. Esto quiere decir que el propósito de la Biblia, es dar testimonio de él.

¿Entonces, son las Escrituras Inspiradas por Dios?

El biblista dominicano Héctor Benjamín Olea presenta una obra exegética en la que explica que la Biblia no afirma de sí misma ser la Palabra de Dios o inspirada, con todas las connotaciones epistemológicas que este último concepto trae consigo [18]. Sin embargo, las Escrituras sí afirman explícitamente que Jesús es la Palabra de Dios (Juan1). Interesante.

En ese orden de ideas, hay ahí una discusión alrededor de *2 Timoteo 3:16*, en el que el autor afirma que *Toda **la** Escritura es inspirada por Dios*. Subrayemos la palabra '*la*', porque algunos estudiosos exegetas como el teólogo puertorriqueño Julio Álvarez o la biblista uruguaya Cristina Conti están cuestionándose sobre si en el texto más antiguo disponible esta conjunción se encuentra presente o no. Según algunas conclusiones a las que han llegado estos investigadores textuales, y para no hacer el cuento mucho más largo, pero animándonos a realizar un acercamiento a sus trabajos exegéticos al respecto, este bien podría traducirse como *"toda Escritura es inspirada por Dios..."*, o incluso, *"Toda escritura que es inspirada por Dios..."*.

Ahora, asumiendo que estos señores están equivocados y nuestra traducción bíblica tradicional es correcta, los curiosos preguntones comienzan a hacer ruido con sus imprudentes e incómodos cuestionamientos. Citemos algunos de ellos.

Si el texto dice que Toda la Escritura es inspirada por Dios, ¿A qué escritura se refiere? ¿Al versículo únicamente? ¿A todo el capítulo únicamente? ¿A toda esa carta únicamente? ¿A todas las cartas paulinas únicamente? ¿Al Nuevo Testamento únicamente? ¿Al Antiguo Testamento únicamente? ¿A toda la Biblia únicamente? ¿Al canon Evangélico o protestante únicamente o entra también el católico? ¿O quizá se refiere a literalmente toda la escritura del mundo, incluyendo los Cien años de soledad de García Márquez y Hamlet de

Shakespeare?

Yo sé que la respuesta para nosotros ya está clara. Obviamente nuestro canon, no el católico, el cual incluyó los libros "apócrifos", y para esto tenemos unos estudios históricos sobre los cónclaves, los cismas y los concilios vaticanos, en donde se llegaron a acuerdos al respecto; los cuales, vale la pena subrayar, fueron realizados por seres humanos. Los humanos decidieron cuáles eran los libros inspirados por Dios y cuáles no.

En todo caso, los judíos no están muy de acuerdo con que nuestro Nuevo Testamento haya sido inspirado y sea la *Palabra de Dios*, y a los católicos de Roma les parece que nos quedaron faltando los libros que ellos sí incluyeron; pero lo más chistoso de todo este asunto, es que ni siquiera Lutero estaba convencido y de acuerdo que la Biblia que tenemos en nuestras manos sea la apropiada, pues para el reformador, el libro de Apocalipsis y la epístola de Santiago no deberían estar ahí, dentro del canon.

Ahora, la pregunta que bién cabría en este momento de la reflexión sería, ¿meteríamos nuestras manos al fuego por la Biblia que lees todos los días? Pues muchas personas sí y lo hacen desde la fe, desde la creencia que lo que ellos piensan de las Escrituras es la verdad completa e incuestionable. Aún sin enterarse o ignorando deliberadamente, no solo estos cuestionamientos, sino el trabajo exegético y hermenéutico desde la crítica bíblica.

¿Desechamos la Biblia y la arrojamos por el retrete? Una pregunta que nace desde nuestro ya natural pensamiento binario extremista, pues aunque suene a pleonasmo, es una actitud bastante común en medio de nuestras comunidades de fe. Si no es blanco, es negro; si no es bueno, es malo, si no es de Dios, es del *Sata*. Sin embargo, los matices existen, las escalas de grises, la gama de colores, etc.

Rob Bell subraya la declaración bíblica que manifiesta que todo lo bueno y lo perfecto viene del cielo, del Padre de las luces (Santiago 1:17). En ese sentido es que bien podemos creer que sí, toda la Escritura es inspirada por Dios.

Y desde esa creencia nos podemos sumar a quienes deciden aceptar que todo, absolutamente todo lo bueno viene de Dios. Esto quiere decir que no hay nada bueno que provenga del mal o no hay nada malo que provenga del cielo. En ese sentido, sí. Las Escrituras son inspiradas y útiles; ¿Cómo es posible que todos aquellos quienes dejaron consignadas sus historias y experiencias con Dios, hayan sido inspirados por el mal o por otra entidad antagónica, cuando lo que encontramos en las líneas son sabiduría, vida, amor, lecciones, honestidad, revolución, responsabilidad social, etc?

El problema no es el libro o lo que haya escrito en él, sino cómo se lo lee. Muchos han usado las Escrituras inspiradas para hacer el mal, para sembrar miedo, para subyugar, para imponer dogmas o religiones. Pero el libro promete que *si conocemos la verdad, esta nos hará libres*.

Así que las Escrituras son inspiradas. Todas ellas. No sólo las del canon evangélico, sino las del católico, las de las crónicas deuterocanónicas o protocanónicas, las de la sabiduría popular, las de la ciencia, las de las humanidades, las fábulas que les contamos a nuestros niños para enseñarles principios éticos. Las crónicas de nuestra historia latinoamericana también son inspiradas, la poesía, las obras teatrales en sus guiones. Las letras de las canciones, las líneas de las instrucciones de seguridad de los barcos o los aviones. Las de los libros de educación primaria, media y alta. Todas las *escrituras que sean útiles para enseñar, para reprender, para corregir, para instruir en justicia con el fin que el hombre sea perfecto, equipado para toda buena obra.*

Incluso, según palabras de las teorías comunicativas, todo es texto. Nosotros, nuestras circunstancias, nuestras expresiones, los seres, lo que existe. Así que estos textos también son inspirados. Esa es la razón por la que muchas personas pueden encontrarse con Dios a través de la risa de sus hijos, disfrutando un hermoso atardecer, dando un bocado de pan al necesitado o encontrándose en el abrazo de su compañero o compañera de vida. Todo esto lo inspira Dios, no hay nada bueno que no provenga de él.

¿Qué escrituras no son inspiradas por nuestro *buen Dios*? Todas aquellas que no edifican, que no tienen el sello del amor, del bien propio del comunitario. Aquellas escrituras que van en detrimento del otro, las egoístas, segregacionistas, aquellas que infunden miedo, que engañan, que destruyen. Las llenas de envidia, de concupiscencia, esas que para encontrar el surgimiento propio, inspiran comportamientos en detrimento de los demás. Las que tratan de reivindicar el chisme, las contiendas, las mentiras, la discriminación, el odio.

Por eso es que Jesús advertía que lo que contamina al hombre no es lo que viene de afuera, sino lo que sale de adentro, del corazón. Nosotros podemos tener el más puro y limpio libro frente a nosotros y leer en él aberraciones que nos den permiso a mantener nuestra propia maldad a flor de piel, así como en medio de la obra más oscura, podemos encontrar una luz que nos inspire a amar más, entregarnos más, creer más, vivir más. *¿Con qué ojos estamos leyendo los textos?*[19].

---

[9] Pikaza, Xabier. *"Hermenéutica Bíblica"*. España: Escuela de Formación en Fe Adulta. Seminario. 2016. Virtual

[10] Cronología. Del tiempo o los tiempos, en este caso, bíblicos

[11] En un apartado posterior, podremos determinar las razones por las cuales, si bien la creencia generalizada por la cristiandad es que todos los relatos son literales-históricos, bien puede haber un componente que siembre la duda concluyente que esto no sea necesariamente así.

[12] Pikaza, Xabier. *"Hermenéutica Bíblica"*. España: Escuela de Formación en Fe Adulta. Seminario. 2016. Virtual

[12] Griego popular, comúnmente hablado en comunidades pobres y marginadas. Vulgar

[13] El dispensacionalismo es la teoría escatológica (que se encarga del estudio del fin de los tiempos) más popularizada en medio del evangelicalismo. Cree en el arrebatamiento literal, las diversas dispensaciones y la supremacía del pueblo judío como protagonista de los eventos finales

[14] Pentateuco. Génesis, Éxodo, Levítico, Números y Deuteronomio

[15] Bell, Rob. *What is the Bible*. Estados Unidos: Harper One. 2017. Impreso

[16] Teofanía. Experiencia sobrenatural con Dios (comparable con la Epifanía pero en contacto directo con la Divinidad)

[17] Oyarzú, Ulises. *El Evangelio Perdido de Jesús*. Estados Unidos: Kate&Cumen. 2017. Impreso

[18] Hector Benjamin Olea - La Biblia misma no afirma ser «inspirada»: Un análisis y comentario crítico, exegético y valiente del texto griego de 2 Timoteo 3.16 Y otros catorce artículos de mucho interés (Spanish Edition)

[19] Tomado de David Gaitán, *Con Lugar a Dudas*. 2018

CAPÍTULO 2

Jesús como ficha hermenéutica bíblica

Si las Escrituras apuntan a Jesús, podría resultarnos lógico que sea él el filtro desde el cual podamos leerlas. Pero el proponernos hacerlo, puede significar algunos retos que afrontar para poder acercarnos a esa posibilidad. Todo tiene que ver con la manera en la que entendamos a este Jesús y cómo nos puede brindar sus herramientas interpretativas.

En primer lugar, apelar a las Escrituras en este sentido puede darnos luces que iluminen el camino a seguir. En este sentido bien nos vendría tener claro que son los evangelios los que nos presentan detalles importantes y definitivos sobre Jesús. Los historiadores extrabíblicos no aportan información sobre el carpintero de Galilea más allá de algunas escuetas referencias que no les toman más de dos o tres líneas.

Así que bien nos convendría comenzar por acercarnos a la tesis que el Maestro del camino creó con respecto a él. Y marcar este punto como el inicio resulta de una relevancia superlativa por lo fascinante de su mensaje. Lo que hizo Jesús, la brillantez y cohesión de su discurso, todo empoderado con sus acciones, es como mínimo fascinante e increíblemente complejo.

Él se propuso revolucionar su religión, luego cuestionar las imágenes que las personas tenían de Dios, luego introducir una nueva imagen, la del Padre, para, al final, sugerir que él es la verdadera imagen de ese Padre. Todo desde la impecable cohesión de sus ideas, la sensibilidad, la empatía, la misericordia, el amor y la coherencia.

El evangelio de Juan, en su primer capítulo construye una tremenda teología de la humanidad de Dios en Jesús. Y lo hace nada más y nada menos que desde el *juego de palabras* palabra/verbo. Una metáfora que no solo es pertinente para su época y para la nuestra, sino que trasciende en el tiempo, como si se propusiera jugar con él.

Aquí está presente una de las cristologías más fascinantes de toda la teología, pues se recrea el misterio de la encarnación de Dios, esto es cuando él se hace humano. La conclusión de este pasaje puede resultar obvia, pero a su vez con un componente confrontante. Jesús es la Palabra de Dios.

De esta premisa se desprende una de esas curiosidades que pueden hacer perder la razón a cualquiera. La Biblia no afirma explícitamente de ella misma ser la Palabra de Dios, pero sí lo hace con respecto a Jesús.

"A Dios nadie lo ha visto jamás; el unigénito Hijo, que está en el Seno del Padre, él le ha dado a conocer" Juan 1:18

Este pasaje puede resultar revelador si se asume con toda la carga con la que se ha planteado. Incluso en nuestros días. Se trata de entender que sólo si observamos a quien se autodenominó como Hijo del Hombre y de quien se refieren como Hijo de Dios, veremos al Padre. No hay otro camino, no hay forma o estrategia, él.

Jesús es el centro del mensaje Bíblico y decodificador del del Padre. Puede que nos distraigamos si intentamos poner a alguna tradición, o incluso autor bíblico, en el lugar de Jesús para este fin.

Generalmente en nuestros barrios latinoamericanos, por haber sido mayormente evangelizados en los últimos años por norteamericanos pentecostales, hemos desarrollado un pensamiento sobre diversos temas bíblicos desde el misticismo.

No quiero entrar en detalle sobre si esto está bien o mal, sino que principalmente encuentro que la semilla pentecostal, junto a su subsecuente neopentecostal y carismática, en un sentido antropológico fue pragmática para las poblaciones en las que fue sembrada aquí, en nuestros países.

¿Qué quiero decir con esto? Nuestros pueblos tienen ascendencias indígenas, las cuales desarrollaron modos de entender el mundo desde el misticismo, lo desconocido, lo sobrenatural. Evidencia de esto lo encontramos en los mitos y leyendas propias. La patasola, la llorona, la mujer sin cabeza y otros relatos hablan de la conexión que existía entre los primeros habitantes de nuestros territorios y lo desconocido.

Así, cuando lecturas bíblicas se hacen en esos mismos escenarios, sin duda tienen aceptación porque brindan respuestas. Por eso, por ejemplo, la frase *"La Sangre de Cristo tiene poder"* está cargada de un *componente sobrenatural* que *actúa desde el mundo espiritual* y trasciende al físico para que nos proteja del mal. Es la lucha eterna entre el bien y la maldad, en donde, por tratarse de Cristo, el hijo del Dios omnipotente, siempre tendremos la de ganar los buenos. A eso me refiero con lectura mística. No es metáfora, pero es *etérea* y a su vez pragmática, gracias a que tiene alcances reales o prácticos.

Sin embargo, dicha lectura que ha devenido casi en un dogma, ha sido actualmente fuertemente cuestionada por algunas corrientes reformadas y calvinistas, las cuales están tomando cada vez más fuerza en nuestras ciudades y pueblos. Para ellos, habrá que eliminar todo componente místico y entender que la sangre de Jesús fue derramada una vez y para siempre, así que usarla como una suerte de muletilla o talismán, ubicaría a los cristianos al mismo nivel de los espiritistas y rezanderos. Para esta posición, la sangre de Cristo tuvo un fin redentor expiatorio y lo demás es *buscarle la quinta pata al gato*.

Pero, caminando un poco, en otra vereda me encontré con el teólogo chileno, Ulises Oyarzún, quien explica que para hacerse una idea bien interesante del asunto, habrá que intentar meterse en la mente de los habitantes del mundo en los tiempos bíblicos. Recordemos que en las Escrituras, la sangre significa vida; en otras palabras, la vida nadaba por las venas alrededor de la sangre.

Esa es la razón por la cual en la Biblia, tanto en el Antiguo, como en el Nuevo Testamento, se menciona lo inapropiado de consumir la sangre del animal, así como la importancia del derramamiento de sangre en el holocausto. Es literalmente que *se derrama la vida por*[18].

El simbolismo es extraordinario. Cuando se invita a recurrir a la sangre de Jesús, se está animando a observar su vida, sus acciones, actitudes, discursos, costumbres, etc. Es encontrarlo a él viviendo, y a su vez, esa vida nos salva. *"Yo soy el camino, la verdad y* **la vida***, nadie viene al Padre sino por mí" Jesús* (énfasis del autor).

Esa vida nos guarda del peligro, ¿Cómo, de un modo místico? Tal vez, pero, ¿Y si más bien el vivir la vida de Jesús nos guarda de dichos peligros? ¿O a lo mejor, nos da herramientas para actuar frente a ellos?

El apóstol Pablo dice que la consecuencia del pecado (errar al blanco) es la muerte (separación). Si así es la cosa, Jesús nos salva de ese pecado y de esa muerte, pues a través de su vida, *aprendemos cómo vivir* de manera que pequemos menos y en consecuencia, nos separemos menos de las personas y de Dios, objeto de nuestra ofensa.

El Sermón del Monte, por ejemplo, es la gran herramienta de pacifismo activo. Si lo aplicamos, habremos reducido el efecto del mal, pues estaremos atacando la causa del mismo y habremos aprendido a reaccionar con bien al mal que nos sobreviene, cortando con el ciclo de violencia y venganza, el cual, en vez de traer el bien, perpetúa el mal.

Una perspectiva aterrizada no desde el poder, sino desde el camino

El sentido más práctico de la sangre de Jesús tiene poder, sería, la vida de Jesús me da poder para tomar el control de las circunstancias y convertirme en agente activo del bien y no del mal, o cuando aquel mal que no controlo me golpea, reacciono ante él a la manera de Jesús y de esa forma no perpetuo dicho mal sobre mí mismo y sobre otros.

Todo se traduce en observar al Jesús que caminó en esta tierra, y desde esa observación preguntarnos ¿Cómo actuó, qué hizo, cómo respondió, qué pensó, cuándo intervino?¿Cómo vivió?

Lo mismo ocurre con la frase *"El Nombre de Jesús"*. Normalmente cuando pensamos en orar en el nombre de Jesús, lo asociamos a repetir esta frase antes de decir cualquier palabra en nuestra oración. Este tipo de creencias y prácticas degradan la intensión teológica del autor del evangelio a una muletilla más.

Al igual que la sangre, la cual en el contexto judío llevaba en sí misma la vida, el nombre revela el carácter del portador. En la Biblia encontramos no pocos episodios en los que Dios mismo cambia el nombre de los protagonistas de los relatos para darles una nueva identidad. De Sarai a Sara, de Abram a Abraham, de Jacob a Israel, de Simón a Pedro, etc.

Así que, ¿Qué significa hacer algo en el nombre de Jesús, orar en el nombre de Jesús, vivir en el nombre de Jesús, sanar en el nombre de Jesús, resucitar en el nombre de Jesús, predicar en el nombre de Jesús, etc?

Otra de las referencias a actuar en nombre de alguien más, es cuando se va en representación de un Rey o reino. Esto quiere decir que en el lugar al que se llega, se actuará de acuerdo a las normas o valores del lugar que se representa.

Así que actuar en el nombre de Jesús simplemente es hacer

aquello que él haría, reaccionar desde sus reacciones, hablar sus palabras y, aunque suene un poco romántico, sentir como su corazón. Para esto, es necesario conocerle.

Al respecto, se han desarrollado muchos discursos que recomiendan cosas como entrar en la presencia, ver el rostro, llegar a un nivel de intimidad; lo cual lo cual puede llegar a ser una buena práctica contemplativa, pero que no tiene nada que ver con esto, puesto que se apela a lo subjetivo-sensorial.

Más bien, si es que queremos conocer a Jesús, podemos encontrarlo en las páginas de los evangelios. Bien vale la pena que insistamos en esto, pues allí vamos a poder enterarnos sobre cómo actuó frente a diferentes situaciones, qué dijo y cómo lo podemos llevar a cabo. El reto a superar, es que nos hemos vuelto expertos en leer a Jesús con la excusa de que sus palabras son figuradas, como cuando recomienda al rico que *venda todo lo que tiene y lo de a los pobres*, o como cuando dice que *quien no niega a padre y madre no es digno de él* (par). Sin embargo, las palabras del Maestro de Galilea tenían sentido en su contexto y pueden tenerlo en el nuestro. El punto es entender esos contextos y llegar a conocer aquellas aplicabilidades.

Si vivimos como Jesús vivió, si entendemos su mensaje y lo aplicamos, si reproducimos sus palabras y sus maneras en nuestra vida y relaciones, estaremos viviendo en su nombre y tendremos la autoridad de su sangre. Porque sí, la sangre de Cristo tiene poder.

¿Por qué nos cuesta tanto esto? Porque la visión que tenemos del *mundo espiritual* es herencia de la visión helenística-platónica. Para el filósofo griego, el mundo no es en realidad como lo percibimos, sino que el verdadero no está al alcance nuestro, sino que lo que percibimos con los sentidos, son solo sombras del real. Esta tesis es abordada en su conocida *Caverna de Platón*.

De igual manera, la creencia que se ha popularizado en diversos grupos cristianos, sostiene que el mundo espiritual es el verdadero e importante y este material es simplemente temporal, que pasará y quedará el real. Por eso *todo debe hacerse en el espíritu*, para que sea efectivo y eficaz.

En el evangelio de Juan, pero esta vez en el capítulo 14, versículo 6, el predicador del camino declara, *Yo soy el camino, la verdad y la vida;* **nadie viene al Padre, sino por mí** (énfasis del autor). En este orden de ideas, si las Escrituras nos señalan a Jesús como objeto de las mismas y este Jesús se reconoce como el único camino al Padre, tenemos dos opciones. O le creemos o no lo hacemos. Si optamos por la primera opción de la disyuntiva, deberíamos poder aceptar que sólo él nos puede guiar y sus palabras son suficientes y primarias. Si no, otras voces tendrían la misma autoridad, aún si son disonantes a su mensaje. Decidirse por esta última opción ha sido el común denominador en medio de la mayoría de expresiones de fe cristianas durante muchos años, pues proclamando de labios para afuera la supremacía del Hijo de Dios, se han dado mayor peso a otros autores.

¿Jesús en toda la biblia?

Cuando hablamos de Jesús como ficha hermenéutica bíblica, no nos estamos refiriendo necesariamente a ver prototipos de Jesús en toda la Biblia, incluyendo el Antiguo Testamento.

Esta práctica también es muy popular en medio de comunidades cristianas en las que en cualquier versículo Bíblico, encuentran a Jesús, o al Cristo.

No con esto queremos señalar tal práctica como nociva en rigor, no; más bien que la atención que prestamos en este ejercicio, bien podríamos orientarla a leer la Biblia desde Jesús. ¿Y si en vez de ver en el cordero que Dios proveyó a Abraham para que no sacrificara a Isaac a Jesús, más bien desde el Maestro de Galilea leemos el pasaje y entendemos el significado teológico del relato?

Si asumimos esta actitud, no vamos a entender a Jesús desde el Antiguo Testamento, sino que al revés, leeremos el Antiguo Testamento desde los ojos de Jesús. Solo así podremos acercarnos al entendimiento de los relatos y su naturaleza, la violencia implícita en los mismos, las decisiones tomadas por sus personajes en nombre de Dios y las órdenes que fueron acatadas por los protagonistas de las historias y los pueblos que los contextualizaron.

Así mismo, podremos leer las cartas Paulinas desde los ojos de Jesús y no al revés, pues haciendo esto último, corremos el riesgo de dejarnos influenciar en nuestras imágenes y percepciones, dando mayor autoridad al autor paulino que al mismo Jesús.

Y cuando de las epístolas universales y el Apocalipsis se trata, también se hace imprescindible tomar la misma actitud. Sobre todo por la cantidad de figuras literarias utilizadas en este último libro, las cuales han sido objeto de interpretaciones fatalistas que alimentan teologías basadas en el miedo.

Con respecto a esto, me he encontrado con un sinnúmero de personas que sorprendidas me preguntan sobre si para mí, por ejemplo tienen más peso las palabras de Jesús que las de Pablo, las de Moisés o las del resto de autores bíblicos. Cuando escucho tal interrogante, el sorprendido termino siendo yo. Me resulta inquietante que incluso se insinúe que las palabras de Pablo, por ejemplo tengan por lo menos el mismo peso que las del Maestro de Galilea. En mi Biblia leo que es Jesús el único camino al Padre. Él es la vida, no algún otro autor.

---

[18] Dar la vida no es morir por, sino vivir para...

CAPÍTULO 3

Conociendo al Dios de Jesús

En el capítulo anterior comenzamos a percatarnos de la estrategia de Jesús al introducir una nueva imagen de Dios como Padre, antes de introducirse él como la imagen visible de ese Padre. La pregunta que bien podría darnos vueltas en nuestra mente sería:

¿Teníamos una imagen incorrecta de Dios?

Para poder tener un acercamiento más o menos decente a este asunto, bien podríamos echar mano de algunas ideas que nos puede aportar el filósofo frances Jackes Derrida. Él, haciendo una relectura del también filósofo alemán Heidegger, plantea el asunto del ser versus existir, en un escenario que nos podría dibujar una línea a seguir para entender un poco esto de las imágenes que nos hacemos de la deidad.

"*Nada hay fuera del texto*", una de las frases más destacadas de Derrida, en boca del filósofo argentino Darío Sztajnszrajber, nos deja entrever la intención de esto [19]. Una de las primeras cosas que debiéramos considerar al respecto, es que la frase está formulada en afirmativo, no en negación. La expresión no comunica algo como, *no hay nada fuera del texto*, sino que *nada hay fuera del texto*. Bien podríamos concentrarnos en qué es esa *nada*.

Esa *nada* que es afirmación, no negación. Esa *nada* que es algo, ¿Qué *es* ese algo? (Subrayemos la palabra *es*). Si lo que hay en el texto existe, aquella *nada* no existe, pero *es*.

En palabras más sencillas, podemos pensar en todo aquello que existe y que describen las palabras, el discurso. Si decimos por ejemplo, *blanco*, cada uno de nosotros se hace una imagen mental de eso *blanco*. Sabemos qué es. Lo mismo ocurre con los objetos como *carro*, *lápiz* o *limón*; pero también con los sentimientos o sensaciones, *frío, amor, tristeza*; igualmente con personas, *Mario, Álvaro, Ginna, Marcela*. Todo lo que cabe en el texto, lo que describe alguien o algo, existe. Podemos generar incluso frases compuestas de ideas más elaboradas y complejas. *Ese jarrón se va a caer de la mesa*. El jarrón existe, la mesa existe y la posibilidad que se caiga (acción), también.

En ese sentido filosófico, Dios existe por cuanto ese Dios es traído a existencia a través del texto, el discurso. Aún si no se musitara palabra con respecto a él, el simple hecho que esa idea de Dios esté en la mente de alguien, ya lo trae a existencia. Sí, Dios existe y quien sea o lo que sea él, también lo hemos traído a existencia cada vez que lo describimos.

Sin embargo, si encerramos a Dios, por ejemplo en el lenguaje (texto, discurso) estamos limitando a Dios, lo estamos encasillando, no estamos hablando de él, porque Dios trasciende al lenguaje. Es mucho más que eso.

Para intentar entenderlo un poco mejor, podemos echar mano del ejemplo de la isla virgen. Mientras esta sea inexplorada, se sabe sólo qué es, una isla. Pero apenas los expedicionarios lleguen al lugar, pongan un solo pie allí, una cámara obture una imagen, ya dejará de ser virgen y desconocida. Ahora será frondosa, verde, selvática, desértica, silvestre, etc. Pero nunca más virgen. Pues bien, en ese escenario se encuentra Dios. Según palabras de Jesús, *a Él nadie lo ha visto jamás.*

Cuando hablamos de Dios, en realidad lo estamos trayendo a existencia, pero puede que nuestro discurso no se acerque en realidad a *quién* o *qué es*. Cuando hablamos de Dios no lo hacemos en realidad de él, sino que nos referimos más bien a las imágenes que tenemos, que nos hemos creado a partir de muchos elementos de nuestra propia vida, como nuestra formación, nuestro contexto social, nuestra manera de acercarnos a la deidad y adorarla, etc.

Esto tiene mucho que ver con las teorías miméticas y del chivo expiatorio del filósofo francés René Girard. Para este también teólogo, la maldad (y la bondad) en el hombre está mimetizada [20]. Así, de alguna manera, asumimos las responsabilidades como externas. Esto quiere decir que al sentir que nuestros comportamientos no son propios, sino aprendidos, buscamos en *chivos expiatorios* la manera de proyectar nuestras culpas o consecuencias de nuestros comportamientos en otros, sean personas, circunstancias o sentimientos-pensamientos.

Escuchar un poco a Girard nos encamina a concluir que en realidad las imágenes que tenemos de Dios no hablan tanto de él, como de nosotros. En ellas proyectamos nuestros propios deseos profundos y constructos, atribuyéndoselos a Dios, cuando en realidad se trata de lo que creemos de él, mas no de lo que sabemos, pues al final, de Dios nadie sabe nada, todo está en al campo de la fe [21]. En él hemos encontrado nuestro perfecto chivo expiatorio.

Una pregunta al margen en este punto, la cual vamos a comenzar a desarrollar más adelante, pero que nos puede brindar un buen elemento de reflexión inicial sería, *¿Y si así también ocurrió con los autores bíblicos, si el Dios que ellos escribieron es, o fue, su propio chivo expiatorio?*

Hace unas semanas atrás, un teólogo preocupado me preguntó retóricamente sobre si yo estaba afirmando que nadie conoce a Dios y que toda la labor de Jesús debíamos tirarla a la basura porque para él, según yo, esta no habría sido suficiente. Vaya, nuestras preguntas también son chivos expiatorios que nos dejan quedar en evidencia frente a los demás. De hecho, el texto bíblico señala que de la abundancia del corazón, habla la boca.

Es por eso que no es difícil darse cuenta que este amigo, teólogo preocupado entendió todo al revés, pues justamente, y como lo vimos en el capítulo inmediatamente anterior, lo que me propongo es presentar a Jesús como ficha hermenéutica bíblica y como el lápiz que nos dibuje una imagen de Dios, la cual puede que tome cierta distancia de la que hasta el momento hemos tenido.

Por eso Jesús como objeto de estudio teológico y filosófico, más allá de su *divinización*, es fuente inagotable de conocimiento y fe. Resulta como mínimo interesante poder tener un acercamiento a la complejidad de su pensamiento, pero sobre todo la coherencia y cohesión de su discurso con sus acciones.

Así, en un contexto como el que se vivía en la Palestina del Siglo I, este carpintero galileo introduce una imagen que no se le había adjudicado a Dios, la de Padre. Los judíos estaban acostumbrados a ver a Abraham, Isaac y Jacob como padres, todos humanos y siervos del Señor, pero no a Dios. Dios es Guerrero, Vencedor, Fuerte, Rey, Señor, Proveedor, Paz, incluso Cobijador hacia su pueblo, pero no Padre.

Para el pueblo eran, no solo comunes, sino además pragmáticas esas percepciones que tenían de la deidad, pues era lo que había en su momento histórico. Un Dios que los librara en la guerra, JHWH Nissi, de los ejércitos; un Dios que gobernara con justicia y juicio, Rey de Reyes y Señor de Señores; uno que los curara, JHWH Rafa, etc.

Ahora Jesús estaba trayendo comportamientos de ese Dios al que vino a mostrar, bastante diferentes a los acostumbrados por el pueblo. Este Dios, según el evangelio de Juan se hizo humano y vino a vivir entre nosotros, alumbrando con su humanidad (es importante subrayar esta última palabra).

El capítulo 1 del evangelio de Juan: Una clave para entender

El primer capítulo del evangelio de Juan, tiene implicaciones políticas y teológicas muy importantes, las cuales, si quisiéramos escuchar, podrían generar cierta revolución con respecto a lo que creemos, pero sobre todo a lo que creían quienes se configuraron los destinatarios de esos textos.

Si nos detenemos en el versículo 18, sin perder de vista el resto del capítulo, podemos llegar a ciertas conclusiones escandalosas, *"A Dios nadie le vio jamás; el unigénito Hijo, que está en el seno del Padre, él le ha dado a conocer"* (RV60).

No en pocos momentos del evangelio, Jesús se autoproclama ser la imagen del Padre (un Dios diferente al que los judíos *conocían*). En el mismo evangelio, en el capítulo 14, Felipe le pide que les muestre al Padre (insisto, una figura que ellos no conocían) y él responde, *si me han visto a mí, han visto a mi Padre*. Parecía que el pueblo conocía a ese Dios, pero lo interesante es que Jesús está insinuando (¿diciendo?) lo contrario.

Es como si este predicador itinerante les insistiera: *El que ustedes han creído conocer toda la vida, en realidad no es, ustedes dicen que conocen a Dios, ustedes creen que tienen salvación, pero mírenme a mí, escuchen mis palabras, síganme, y encontrarán al verdadero Dios, porque nadie puede venir a Él si no es a través de mí. Yo soy su expresión, Yo, que lo conocí desde siempre, solo yo se los vine a mostrar, a revelar, el Unigénito hijo del Padre. Olvídense de todas las imágenes que tienen de él. ¡Mírenme!*

Esto es escandaloso e inconcebible, aún para muchos de quienes nos decimos *cristianos*. Porque así como señalábamos anteriormente, muchas veces hemos puesto las palabras de otros predicadores o autores bíblicos por encima de las de Jesús, hemos asumido el *"nadie viene al Padre sino por mí"* desde una perspectiva mística y/o helénica [22], pero nos hemos perdido la oportunidad de observar la vida de Jesús, su discurso y acciones, para encontrar al Padre que él vino a mostrar.

Alrededor podríamos hacer muchísimas relecturas, tanto del Evangelio, como del Antiguo Testamento y de las cartas. En esta oportunidad quisiera proponer algunos acercamientos para dejar sobre la mesa para ser considerados y ojalá generar una conversación profunda al respecto.

El dibujo del rostro de Dios

El evangelio de Lucas en su capítulo decimoquinto, nos entrega tres relatos que contienen, cada uno, elementos interesantes de acercamiento para intentar comenzar a dibujarnos una imagen de Dios más o menos cercana a lo que Jesús bien hubiera querido mostrar.

En el primero, hay una oveja que se pierde. Si de buscar responsables se tratara, este hecho no podría atribuírsele a nadie. Estos animales son testarudos por naturaleza y no se les puede correr cláusula de responsabilidad alguna, simplemente, siguiendo su instinto natural, la oveja en algún momento se desvió del trayecto. Por su parte, el pastor, en medio de la responsabilidad del rebaño, no se percató del momento en el que su animal se alejaba, hasta perder el rastro. Sin embargo, el hombre sale a la búsqueda y recupera a la perdida, aún asumiendo el riesgo de las demás.

En la segunda historia, una mujer pierde la moneda. Aquí hay una clara responsabilidad. El objeto extraviado no es necesariamente consciente de sus actos ni participa de una manera activa en el suceso. Así mismo, la protagonista de este relato sale a la búsqueda de su bien perdido, lo cual es sumamente raro y de ahí el valor de este. Las mujeres, en tiempos de Jesús no tienen dinero. De hecho, la gente en su mayoría, no lo tiene. Este es un momento muy triste, perder una dracma es una tragedia en tal contexto. La alegría de recuperarla sólo es comparable con la que produce que un pecador se arrepienta. La frase final no necesariamente compara a la moneda inerte con un pecador, sino que la referencia es clara, el gozo que producen las dos situaciones.

El tercer relato es mucho más elaborado y tiene elementos interesantísimos. En este, la responsabilidad de la separación es del hijo rebelde. Pero hay una sorpresa fenomenal. La parábola del hijo pródigo es en realidad sobre el Padre ¡Y sobre el otro hijo!

Los títulos y subtítulos que aparecen en los relatos de la Biblia, no están necesariamente en los textos y rollos antiguos disponibles; sino que son añadidos de los traductores, quienes quizá con una buena intención, buscaron darle orden al texto. Sin embargo, algunas veces podrían llegar a *despistar* al lector en la búsqueda de alguno de los muchos mensajes de dicho relato.

Creo que esta Parábola se configura en un claro ejemplo de ello. Generalmente nos hemos centrado en leer lo que pasó con el *rebelde*, dejando de lado otros aspectos concernientes al mismo, al padre y al hijo mayor.

Así que esta parábola inicia con un hijo *malo*, alejado del corazón de su papá; al cual le hace una afrenta mayúscula solicitándole los bienes. No es para menos, pues en el contexto judío al que le habla Jesús, sólo se entregaban herencias cuando el padre había muerto. No había otra manera. Es como si literalmente el hijo de esta historia le dijera: *"Preferiría que estuvieras muerto, así que dame lo que me corresponde"*.

Este hecho, según la ley de Moisés debía ser castigado con nada menos que la muerte por apedreamiento (Dt 21:18-21), lo cual no ocurre, pues, en contra de todos los pronósticos, este padre le entrega los bienes al hijo grosero. Es interesante el comportamiento del patriarca en el relato; alguien que no toma acciones en contra de él, quien le causa una herida proporcional a su afrenta, en medio de tal petición. Es como que este hombre sabe que ya hace tiempo había muerto para quien hoy sólo esperaba de él bienes materiales.

La historia ya la conocemos. El joven se va por el mundo a vivir la *vida loca*. Sin embargo, llega un momento, en el que habiendo gastado todo, se revuelca con los cerdos. ¡Ese es su castigo! Y bueno, estos animales para el pueblo judío son la *inmundicia* en su máxima expresión. No se puede ser más indeseado, rechazado, indigno y menospreciado que un marrano. Así que compartir su comida, es de una naturaleza repudiable. Este hijo quedó automáticamente descartado de cualquier posibilidad de restitución.

Pero hay algo todavía más encantador en el relato. Se trata de la motivación que tuvo el otrora príncipe en la hacienda del padre. No recapacitó en el daño que había causado, en la tristeza que propinó al corazón de su progenitor; sino que al contrario, pensó en su propio bienestar. De una manera egoísta, lo que lo llevó de regreso a la hacienda, fue su propia necesidad (subrayemos este último elemento), el hambre.

Ha de tener esto cierta importancia, puesto que es mencionado en el relato y desencadena las palabras del hijo ante quien ahora debía considerar como su señor. En todo caso, este hecho no parece importarle al feliz hacendado al momento de ver a su pródigo regresar. Él (en contra de lo que se pudiera esperar) no tiene problema en ignorar la condición *inmunda* de su heredero y le restaura a través del vestido, calzado y anillo nuevos.

Pero allí no termina la historia. Recién apenas comienza; pues el otro protagonista, el hijo mayor, parece que no está de acuerdo con la actitud del *bonachón* papá. Es curioso que el jefe del hogar tenga que salir al encuentro del otro heredero, pero lo que es peor, deba rogarle para que entre en la fiesta. El hecho puede llevar a cualquier lector a concluir lo obvio: este padre no tiene el corazón de ninguno de sus hijos.

Y llegar a aquél punto no debería tomarnos por sorpresa. El mayor siempre estuvo en casa, al lado del papá, sirviéndolo, pero su corazón no estuvo cerca, pues no se alegró con la alegría de su progenitor. No le interesaban las cosas que al jefe de casa sí, sino que siempre, al igual que el menor, estuvo pensando en sí mismo.

Esto lo podemos deducir por sus palabras, cuando reclama que él, habiendo servido y obedecido tantas veces, no se le había dado un cabrito para celebrar con sus amigos. Interesante posición que deja ver que este padre tenía dos hijos absolutamente lejanos. Uno con las prostitutas y el otro bajo su mismo techo.

Uno desde los comportamientos reprochables, moralmente inaceptables e inmundos, y el otro haciendo lo políticamente correcto, obedeciendo. Es una cachetada para quienes escuchaban a Jesús en ese momento y para quienes lo escuchamos hoy.

Generalmente tendemos a asumir una postura *moral-*

mente superior de los demás. Bien sea porque servimos en la iglesia, conocemos las Escrituras o simplemente somos parte de *los íntimos* de Dios. Desde esa posición lanzamos juicios y condenas a diestra y siniestra, acusando a los *inmundos, mundanos, impíos,* etc; de estar lejanos al corazón del Padre, cuando nosotros mismos lo estamos, incluso, durmiendo en su casa.

Pero la historia cierra con broche de oro, pues el padre responde al hijo mayor dejándole entender que a él no le ha importado ni le importará lo material.

Cuando le hace ver que todos los bienes que posee son suyos (del hijo), le está diciendo la verdad, pues una vez se ha repartido la herencia, no sólo lo hizo con el menor; sino que con el mayor también. Ya el padre no tenía nada, ningún bien le pertenecía, él sólo estaba esperando lo que era más valioso, su corazón.

En estos tres relatos, Jesús está dibujando la imagen de un Dios-Padre que cual sea el caso, siempre va a salir al encuentro, aún si las motivaciones del corazón no son las correctas. Es un ser amoroso, bueno, perdonador, misericordioso en su actuar, bastante alejado del Rey digno de reverencia o el Señor implacable, cuya presencia asesinaba a cualquier sacerdote que entrara en su morada en el lugar santísimo con cualquier atisbe de pecado. Ya no se refiere a su pueblo como *siervos,* sino como *amigos.*

El discurso que nos invita a repensar la fe, sigue vigente

Pero el discurso cumbre del Maestro de Galilea se encuentra registrado en el evangelio de Mateo, capítulo 5. El Sermón de la Montaña.

El *lugar alto* tiene un significado superlativo para la audiencia del carpintero en este momento. Es en el monte en donde el salvador, Moisés, recibió de parte de Dios las tablas de la ley. Hoy Jesús estaba hablando de una ley que no lo era, sino que estaba, a través del discurso, construyendo la imagen de ese Dios que él creía, no solo conocer, sino representar. Reivindica a los pobres en espíritu, los cuales más allá de su evidente precariedad en bienes, representan lo opuesto a la opulencia del sacerdocio y de quienes viven en, y a expensas del Templo y la Sinagoga. Estos son quienes no están en los lugares santos, han sido descalificados para tales dignidades.

También exalta a quienes sufren, a los mansos, quienes heredarán la tierra. Todo lo contrario a lo que ocurrió en Canaan. Reivindica también la justicia, la misericordia, los corazones limpios; los pacificadores, de quienes se refiere como Hijos de Dios, dando un contundente mensaje en contra de la guerra, en medio de una de las opresiones más difíciles de las que el pueblo era víctima por parte del imperio de Roma.

La paz como alternativa a la guerra, como respuesta a la opresión, como actitud de mansedumbre en contra de la injusticia y la impotencia que significa ser parte de los perdedores, los abusados. Por eso eleva a bienaventurados, aquellos que sufren persecución por causa de la justicia, cuando se sufre violencia por ***causa de su nombre***.

Usar la frase *en el nombre de Jesús*, se ha convertido en

una muletilla evangélica que no puede ignorarse en ninguna oración, declaración, decreto, predicación, evento, sermón, etc. Durante muchos años, se ha creído que esta frase tiene cierta carga *mística* o poderosa en *el mundo espiritual,* y su desuso puede *provocar que las oraciones no sean efectivas, o sencillamente ignoradas.*

Esta creencia se ha construido desde textos bíblicos como el de Juan 14:13, en el que Jesús invita a sus oyentes a que las peticiones se hagan en su nombre para que sean respondidas. En esa línea, hay algunos cuantos: Juan 16:23-24, Juan 14:14, Juan 15:16, Juan 20:31, Colosenses 3:17, 1 Corintios 1:2, Mateo 7:22-23, Hechos 4:12, entre otros.

El asunto del nombre tiene una connotación muy compleja en el contexto judío. Este denotaba la identidad de la persona que lo portaba más allá del simple ejercicio de reconocimiento del individuo en medio de la sociedad. Hay también algunos ejemplos bíblicos al respecto.

"Ya no te llamarás Abram, sino que de ahora en adelante tu nombre será Abraham, porque te he confirmado como padre de una multitud de naciones" Génesis 17:5

En este relato, es el mismo Dios quien cambia el nombre del patriarca, para que en las memorias del pueblo quede claro que no será más este un padre enaltecido, sino un padre de multitudes [23].

El mismo Jesús hace lo propio en medio del encuentro con el que sería uno de sus discípulos más cercanos.

"Luego Andrés llevó a Simón, para que conociera a Jesús. Jesús miró fijamente a Simón y le dijo: «Tu nombre es Simón hijo de Juan, pero te llamarás Cefas» (que significa «Pedro»)" Juan 1:42 NTV

La vida de este nuevo seguidor está caracterizada por su volatilidad, un hombre sentimental, reaccionario, atrevido, impertinente y vulgar que estaba recibiendo directamente de Jesús palabras de afirmación a través de su nombre, el cual, curiosamente también recibió con el pasar del tiempo, una connotación mística.

El (los) nombre(s) del mismo Dios no fue exento a esto. Cada vez que él manifestaba alguna de sus características, era nombrado por los bendecidos a través de dicha característica. Ejemplos hay varios, uno de ellos cuando él provee de cordero a Abraham para el holocausto y de este modo evita que el patriarca sacrifique a su propio hijo.

"Entonces alzó Abraham sus ojos y miró, y he aquí a sus espaldas un carnero trabado en un zarzal por sus cuernos; y fue Abraham y tomó el carnero, y lo ofreció en holocausto en lugar de su hijo. Y llamó Abraham el nombre de aquel lugar, Jehová proveerá[a]. Por tanto se dice hoy: En el monte de Jehová será provisto". Génesis 22:13-14 (RV1960)

Así mismo ocurre con diversos nombres de Dios, como Shaddai, Olam, Eyón, Elohe, Elohim, Emmanuel, Mekaddesh, Nissi, Rafa, Rohi, Sabaot, Shalom, etc.

En este contexto, Dios se hace humano y se le reconoce con el nombre de Jesús, el cual significa Dios salva, o Dios es mi salvación. Mucho se ha escrito y se cree sobre qué quiere decir exactamente que Dios nos salve y se ha formulado muchas veces la pregunta, ¿De qué nos salvó Dios?

Siendo así, es necesario entender que para poder conocer la identidad de Jesús reflejada en su nombre, es menester conocerle a él. Pues como ya lo he mencionado, el nombre revela a la persona, sus acciones, pensamientos, reacciones, modos de actuar frente a diferentes situaciones.

Hacer cosas en el nombre de Jesús, no se reduce a pronunciar una frase en medio de cada oración o acto de culto que realicemos. Significa más bien conocerle y actuar como él lo haría, como él lo hizo. Significa pensar más bien sus pensamientos y vivir de acuerdo a sus palabras y recomendaciones de cómo hacerlo [24].

Tener vida en el nombre de Jesús significa vivir su vida y dar la vida que él enseñó; orar en el nombre de Jesús significa empoderar dicha oración con la vida que hemos recibido de él y que vivimos el día a día. Hablar en el nombre de Jesús requiere tener sus palabras en su boca, mientras hacemos lo que él hizo, nada más y nada menos.

El nombre de Jesús no es un talismán y pronunciar la frase *"en el nombre de Jesús"* no va a actuar milagrosamente sólo por el hecho de hacerlo; sino que esta nos invita a nosotros ser el milagro andante, amar a quienes no merecen amor, tocar a los indeseados, abrazar al necesitado, ser pan y vino para el hambriento.

Esa es la razón por la que *no recibimos lo que pedimos, pues no lo hacemos en su nombre.* Queremos para nosotros mismos, pero aquello que pedimos no está en consonancia con su carácter, el uso que él le daría a aquello que tanto anhelamos, sino que pedimos por nuestro propio bien, obedeciendo a nuestros intereses egoístas, a la maldad de nuestro corazón.

De nada nos sirve pronunciar la frase *"en el nombre de Jesús"*, cuando nosotros en realidad no vivimos ni actuamos en el nombre de Jesús. Él mismo lo advierte en el evangelio:

"No todo el que me dice: Señor, Señor, entrará en el reino de los cielos, sino el que hace la voluntad de mi Padre que está en los cielos. Muchos me dirán en aquel día: Señor, Señor, ¿no profetizamos en tu nombre, y en tu nombre echamos fuera demonios, y en tu nombre hicimos muchos milagros? Y entonces les declararé: Nunca os conocí; apartaos de mí, hacedores de maldad". Mateo 7:21-23

Luego, el predicador itinerante se propone presentar una especie de contextualización de sus palabras a través de algunas figuras literarias que facilitarán la comprensión de la profundidad de su propuesta, la cual, a todas luces era una reacción a lo que hasta ahora se conocía como Ley de Dios.

Hace una referencia a la sal, condimento que no solo realza el sabor de las comidas (es decir, la sal no tiene sabor en sí misma, ni al combinarse busca su propio *protagonismo*), sino que en tiempos en los que no existe la energía eléctrica y mucho menos la refrigeración, ayuda a su conservación.

Luego, una referencia a la luz. *Lámpara es a mis pies tu palabra y lumbrera a mi camino*, escribía el autor veterotestamentario. Hoy, en boca del Hijo del Hombre, esa luz debe estar en un lugar alto y visible, no escondida. La luz es ahora su audiencia, a diferencia de lo que había expresado en su momento el salmista.

Siguiendo su línea argumentativa, Jesús deja claro que él no vino a abolir la ley, sino a cumplirla. Lo interesante de su sentencia es que se refiere a tal ley en términos de *"estos pequeños mandamientos"*, ¿Qué mandamientos si en ningún momento se refirió a Moises? ¿Y si la ley que se estaba reivindicando como cumplidor era esta misma que estaba compartiendo en aquel momento? Pero resulta todavía más interesante que su referencia final en este fragmento es la invitación concluyente es a desarrollar una justicia mayor que la de los Escribas y Fariseos, portadores de la ley del desierto.

A partir de este momento, el predicador itinerante comienza a hacer una relectura de algunas situaciones que le resultan relevantes con respecto al comportamiento entre hermanos (pares).

Así, él se propone elevar la hermandad y la buena convivencia a un lugar protagonista en medio del pueblo. Ya el asesinato no es quitar la vida del otro, sino que incluso el no amarlo lo es. El nivel de pacifismo manifestado por Jesús es uno de los elementos más importantes de su mensaje.

En ese mismo orden de ideas, el Maestro de Galilea aporta elementos de reivindicación de la mujer en medio de un contexto que le era totalmente hostil con respecto al hombre. Cuando condena el adulterio, llevándolo al escenario de la mente, no necesariamente estaría estableciendo un lineamiento desde la moral *contemporánea*, sino que la está protegiendo, pues ella, era concebida como un objeto o posesión más del hombre.

El tema del adulterio en la Biblia tiene tanto de ancho, como de profundo. Es interesante entender que si un hombre era sorprendido en este acto, no se considera que hubiera pecado contra su esposa, sino contra el esposo de su amante. Si esto ocurría y no se aplicaba la sentencia del apedreamiento, la adúltera quedaba en vergüenza pública y podía ser repudiada por su marido, lo que significaba que quedaba desprotegida de la bendición de la casa, arrojándola a la mendicidad, o en la mayoría de casos, a la prostitución.

En medio de la sociedad machista del Siglo I, quien generalmente llevaba a las mujeres a cometer este pecado, era el hombre. En muchos casos a la fuerza. Por eso el mensaje de Jesús fue tan contundente al respecto. Y dicho discurso se refuerza cuando habla del divorcio, pues la dureza del corazón de los hombres, había popularizado la práctica de desechar a las mujeres por cualquier banalidad como el desapego, o incluso el no interés sexual. Es decir que se estaban firmando cartas de divorcio contra las esposas por cualquier cosa.

Así, el predicador está animando a evitar el desamparo de ellas, sobre todo por las funestas consecuencias que esto representaba en detrimento de las mujeres. Si se acatan las palabras del Maestro, se disminuyen, tanto la mendicidad femenina, como la prostitución.

Concluye su postulado haciendo referencia al juramento, aterrizando dicha práctica al escenario del cumplimiento de la palabra. Esa misma que se dio al momento de unirse a la mujer delante de los testigos y el patriarca de la familia, último quien era el encargado de dar la bendición matrimonial judía.

Desde este punto, Jesús frontalmente comienza a presentar una propuesta totalmente contraria a la justicia retributiva, tan común en la sociedad judía y tan respetada como si fuera palabra de Dios. Pura y dura.

En la última porción de este capítulo, el predicador se propuso presentar una línea de acción que en su contexto se salía de toda lógica. En vez de responder golpe con golpe, propone, en caso de recibir una cachetada, poner la otra mejilla. Esta última parte ha sido objeto de múltiples interpretaciones, desde la absoluta negación de estos principios por parte de teologías que aún después del Nuevo Testamento siguen defendiendo la justicia retributiva, hasta la ejemplar enseñanza de corrientes como la reforma radical, que le apuestan al discurso del Maestro de Galilea desde la no violencia activa.

El historiador y observador teológico Ricardo Meza advierte que tradicionalmente se nos ha enseñado que estos versículos, contenidos dentro del sermón del monte, son una invitación a ser sumisos, a ser extremadamente pacíficos, y a humillarnos si es necesario, por nuestra condición de cristianos. Más aun, porque Jesús en este texto, está reformando la ley del talión.

Pero, un análisis contextual, cambia la perspectiva de la interpretación.

Si yo me paro frente a una persona, para abofetearla, mi mano derecha, quedará frente a su mejilla izquierda, y mi mano izquierda frente a su mejilla izquierda.

Pasado esto, veamos un importante elemento cultural de las sociedades semitas de la época bíblica. Por la ley de la pureza, cuando un judío hacía sus deposiciones, se limpiaba con la mano izquierda, siempre estaba con una pala, con la cual abría un agujero en la tierra, y tapaba sus excrementos. Al no existir las condiciones de higiene en esa época, que si existen hoy (agua potable, jabón, alcohol gel, etc.), la mano izquierda quedaba con un desagradable olor, y por su realidad cultural/religiosa, se consideraba esa mano impura.

Otro elemento cultural de la sociedad judía, era el honor y vergüenza. Mientras más honorable fuera la persona, estaba por sobre quienes poseían menos honor, siendo aceptado, que este último fuera humillado por el primero [25]. Aquel que poseía más honor, debía cuidarlo, porque otros deshonrados estaban muy dispuestos a recuperar su honor, para mejorar su posición en la sociedad.

El de mayor honor, golpea con el dorso de la mano a quién tiene menos honor, y a un igual, lo golpea con la palma de la mano (la clásica cachetada).

Sabiendo lo anterior, volvamos a Jesús, quién obviamente por ser parte de la cultura judía, conocía todo lo expuesto. Una persona con más honor, golpearía con el dorso de la mano derecha, en la mejilla derecha, y como dijimos antes con el dorso de la mano. La mano izquierda, por ser impura (hedionda a heces, fétida), no la usarían para esos menesteres, así que se descarta.

Ahora, Jesús, nos dice que pongamos la otra mejilla, si el movimiento de la mano derecha va de izquierda a derecha, al poner la otra mejilla, la izquierda, obligamos al golpeador a pegar de frente con el puño, o de derecha a izquierda, con la palma abierta. Estos dos últimos golpes, solo se daban entre pares, entre iguales. Lo que es lo mismo decir, "somos iguales". Pensemos en la cara del agresor cuando el agredido coloca la otra mejilla, esta es de estupefacción, ¡El deshonrado me está diciendo que somos iguales!

Jesús, intencionalmente nos estaría invitando a defendernos, a resistir pacíficamente, a devolver las humillaciones. No es una invitación a la mansedumbre irrestricta, sino, dentro de la no violencia, nos da armas para contestar. Es el derecho a la defensa propia, no a aceptarla.

Este no es el único ejemplo dentro de los evangelios, hay varios más que apuntan a este mismo fin. Al leer de manera contextual, es decir, tratando de entender primero, que significaban los textos para el público al cual iban dirigidos (cristianos del mediterráneo oriental del siglo I), para luego, traducirlos a nuestro propio contexto vital, y rescatar de mejor manera, el mensaje.

Así mismo con la segunda milla. Al parecer, esta era una práctica que tenían los soldados romanos en contra de la población de los territorios que estaban subyugados al Imperio. Ellos tenían permitido obligar a cualquier transeúnte a llevar una carga por una milla, pero no más de eso. Si se excedían, podrían recibir un castigo por parte de sus superiores. Al Jesús recomendar llevar una carga la segunda milla, está animando a la población a una rebeldía no violenta, pero que los dignificaba.

Las palabras del Sermón de la Montaña culminan con el amor y la oración hacia los enemigos. La invitación podría no ser a subyugarse de manera indigna contra el opresor, sino a generar vías de no agresión para resistir al mal, para que a través del amor, se valore la vida y para poner fin a los ciclos de violencia.

Releyendo el Antiguo Testamento desde Jesús

A partir de la comprensión que ya en este momento tenemos sobre la naturaleza y objeto del texto bíblico, el papel de Jesús como ficha hermenéutica y su intención de dibujarnos una imagen del Padre, las cuales han sido presentadas en este libro; bien podríamos comenzar a considerar la relectura [26] como una herramienta de exploración y acercamiento a los textos que nos puedan resultar disonantes, de acuerdo a la naturaleza del Dios de Jesús.

En este ejercicio, el autor y divulgador Rob Bell, hace un

destacado trabajo en su obra "Qué es la Biblia", en su versión original del inglés. Como lo hemos considerado anteriormente, este escritor construye su tesis en el hecho que los textos bíblicos fueron escritos por personas reales en tiempos reales y para lectores reales. De ahí que narran sus experiencias relacionales con Dios, quien finalmente sí la inspiró [27].

¿Dios ordena las masacres y los asesinatos de niños en el Antiguo Testamento?

Más allá que consideremos los relatos bíblicos, por lo menos de los primeros libros de la Escritura, históricos o no, es importante resaltar que estos describen y tienen como destinatarios personas que vivieron una época en particular, con una cosmovisión en particular, en medio de unas condiciones sociales particulares y algunas condiciones de supervivencia también particulares.

Esas particularidades humanas en la época de los escritores y destinatarios de los textos bíblicos deben invitarnos a considerar seriamente los contextos sociales para no perder de vista cómo era la vida y así tratar de tener una comprensión mayor. Si vemos guerra en la Biblia, es porque la sociedad era violenta y la única vía para poder sobrevivir era esa violencia. ¿Qué quiero decir? Antes que Israel se constituyera una nación, los clanes eran las sociedades demográficas y ellos tenían que organizarse para no morir a espada.

Estos crecían y se convertían en pueblos y luego naciones, que a la postre, llegaban a transformarse en reinos. Para los latinoamericanos, por ejemplo, el concepto de Monarquía no es muy familiar puesto que empíricamente [28] no hemos tenido contacto con una, sin embargo, para las sociedades europeas es mucho más fácil familiarizarse con el término porque en muchos de sus países aún existen.

Hago esta referencia porque es la base central de los textos que a nuestros ojos resultan muy violentos, pero para los escritores y los destinatarios no. Esto pasa porque si eres parte de una tribu en medio del desierto o de un campo y estás en ventaja de productos relacionados con cosechas o animales (comida) frente a otras tribus a tu alrededor, seguramente serás víctima de violencia o saqueos. Por más pacifista que seas.

Eso era exactamente lo que ocurría con las personas que escribieron el texto bíblico. En su época todo se resumía a matar o ser muerto. Notemos que la Biblia nos va mostrando la evolución del pueblo de Israel, desde ser una familia patriarcal, hasta convertirse en tribu, luego en una gran comunidad de tribus, luego en un pueblo de esclavos, luego en uno errante, luego en un grupo asentado y finalmente en un reino, el cual termina su existencia en la cautividad.

En medio de las dinámicas sociales de todas y cada una de estas épocas, la violencia es el común denominador porque, insisto, si no matabas, te mataban. En general el pueblo de Israel usó la *conquista* únicamente en Canaán, la tierra que recibió como promesa a Moisés para asentarse allí.

Pero en el desierto debieron luchar, luego en su tierra debieron hacer lo mismo para defenderla y así sucesivamente. Sin embargo, la guerra es sucia. En esta no hay ganadores ni perdedores, sino muertes, viudas, dolor, huérfanos, pobreza, llanto, miseria, prostitución, desesperanza y nueva esperanza.

Así que si no peleas, llega el pueblo enemigo y te asesina, viola a tus esposas e hijas, se lleva esclavos a tus hijos y toma tus posesiones. No existía la diplomacia, no había derechos humanos ni cumbres internacionales de juego limpio. Nada de eso. Todo se solucionaba a través de la negociación, en algunos casos, pero la subsecuente guerra en la mayoría.

Ahora. Por un lado existe un grupo de creyentes que sostienen que efectivamente, Dios ordenó cada una de las guerras descritas en el texto bíblico, con todo y sus barbaries, ataques, niños estrellados contra las rocas, etc. La mayoría de quienes defienden esta idea, explican que Dios se manifestó de una manera en el Antiguo Testamento y de otra diferente en el Nuevo Testamento; siendo el mismo Dios, pero con planes diferentes para cada momento de la historia (en algunas corrientes cristianas conocido como dispensacionalismo, en otras como la Soberanía de Dios).

Sin embargo, algunas relecturas nos invitan a la reflexión y el cuestionamiento de todos estos textos difíciles. ¿Y si Dios se mantiene al margen de lo que la cultura contemporánea en aquellos tiempos dictaba? ¿Y si el autor bíblico al ver una respuesta esperada a su oración, entendió que fue Dios quien en realidad quería que actuara de esa manera? ¿Y si las Escrituras nos están hablando a través de la narrativa, dándonos un mensaje de Dios detrás de todos estos sucesos?

Porque así como dice Bell, los textos fueron escritos por personas reales en momentos reales y cuentan historias reales. Esto podemos ilustrarlo con un ejemplo.

Hoy día hay personas que tienen necesidades de toda índole. Algunos de ellos hacen promesas a Dios pidiéndole que los ayude en una u otra situación y si esa ayuda viene, la promesa deberá ser cumplida. Un ejemplo dentro del ejemplo "así como en la película *Inception*", sería algo así como que Miguel hace una oración diciendo: *Dios, si me ayudas con mi examen de admisión a la universidad, dejo los videojuegos para siempre.* Resulta que Miguel recibió su ingreso a la universidad y como consecuencia quedó convencido, por la oración que realizó días atrás, que fue Dios mismo quien le ayudó con su examen y gracias a eso él podrá ingresar.

Miguel, muy emocionado le cuenta a su novia todo lo sucedido, incluyendo la determinación de abandonar los videojuegos por siempre. Una promesa no se debe romper fácilmente, menos cuando se ha hecho a Dios mismo.

Al pasar las semanas, la novia de Miguel tiene una reunión familiar en la que sale el tema a relucir y ella les cuenta a todos que Miguel, por mandato de Dios, dejó los videojuegos porque lo distraían para poder ingresar a la universidad y en consecuencia, Él lo respaldó en su examen. Una tía de la novia de Miguel escucha la historia y la refuerza diciéndole a su hijo, ¿Si ves? Dios detesta los videojuegos, así que debes dejarlos de una vez por todas.

De esta manera, un deseo que había nacido en el corazón de Miguel como una promesa, se transformó en un mandato en la boca de la novia de Miguel y a su vez en un objeto de condena según la visión de la tía de la novia de Miguel. El primo de la novia de Miguel hizo un ensayo y en él escribió que *Dios odia los videojuegos,* su escrito se encontró cientos de años después *y la Comunidad de Fe de la Vida Sana y Orgánica* tomó esta idea como fundamento de su doctrina.

¿Y si algo semejante ocurrió con aquellos relatos bíblicos violentos en los que los autores afirman que Dios mismo dio una orden? Esta posibilidad puede sonar demasiado progre, e incluso hereje para algunos; sin embargo bien podríamos considerarla puesto que el texto bíblico veterotestamentario es el resultado de tradiciones orales de cientos de miles de años.

Permíteme ilustrar esto un poco más. Para ello, quisiera invitar al teólogo chileno Ulises Oyarzún, quien explica que en el tiempo en el que se escriben las Escrituras judeocristianas, la ciencia no existía. No por lo menos a la manera en que la conocemos actualmente. ¿Nos podemos dar cuenta que en la actualidad los servicios meteorológicos pueden predecir el clima y si caerán lluvias o no? Pues bien, en los días que son descritos en los relatos bíblicos, esto no era posible y la lluvia era esencial para los cultivos y para el ganado. Literalmente para que los clanes o los pueblos no murieran de hambre.

Así que cuando una casa sembraba una parcela y pasaba el tiempo sin recibir la lluvia, la desesperación comenzaba a reinar. Como los integrantes de este clan no sabían cuándo podría llegar, hacían todo tipo de ritos para que los dioses, o en el caso judío, Dios, enviara la lluvia. Al recibir respuesta afirmativa, esta casa quedaba convencida que lo que había hecho estaba bien y agradaba a la Divinidad. Exactamente lo mismo ocurría con las batallas y las guerras. Cuando ganaban, era porque Dios había peleado por ellos, el pueblo había actuado correctamente, cuando perdían es porque en algún momento ellos habían actuado mal.

De esta manera se comienza a construir la imagen del Dios del cielo, omnipotente, guerrero, proveedor, amo del cielo y la tierra, dueño del oro y de la plata, Dios poderoso, Rey, conquistador, etc.

Puede que Dios no haya ordenado todas esas barbaries, sino que los autores las consignaron porque fueron sus casos de éxito en medio de un mundo hostil, en el que si matabas a los adultos y dejabas a los niños vivos, estos crecían y se convertían en tus enemigos en un futuro no muy lejano, empoderados por el odio. Debías matar incluso a los infantes, de maneras que a nosotros nos resultan inconcebibles, pero que para aquella época, era la dinámica común de sobrevivencia.

Mientras otros ven venganza y castigo, Dios dibuja la esperanza

La Biblia está llena de nuevos comienzos. Historias que han concluido y que permiten otras que se abren paso con posibilidades esperanzadoras bajo su brazo. No es para menos, la vida misma de los seres humanos está llena de finales e inicios, ciclos; alegrías que son interrumpidas por tristezas, las cuales, así mismo son disipadas por los nuevos amaneceres.

Alguien decía que *mientras haya vida, hay esperanza*; a lo que puedo añadir, que mientras hay vida, siempre existirá la bendición de una nueva oportunidad para iniciar otra vez. Si la existencia ha estado llena de tristeza, siempre se puede comenzar a ser feliz, a vivir plenamente. A que el discurso de la vida en abundancia de Jesús, sea real.

Por ejemplo, en el relato bíblico del diluvio (Génesis 7, 8 y 9), donde la gran mayoría ha leído destrucción, pecado, muerte; Dios habla de pacto. Él brinda la esperanza de un nuevo comienzo. Tras la devastación de la miseria humana, se presenta con un arco en el cielo, en donde una destrucción como esta no sería más una opción.

Es entonces cuando la bendición cierra la catástrofe, emergiendo así el sol como símbolo de la restauración, sobre el agua, causante de la tragedia, y juntos, dan vida al símbolo esperanzador. Una gran lección de lo que podemos hacer con el mal que nos ha afectado.

Así mismo en la historia de la Torre de Babel (Génesis 11). Cuando el hombre quiere erguirse como un opresor sobre sus pares, cuando la codicia quiere enseñorearse de las mentes de los sedientos de poder, para llegar a ser como Dios y poder subyugar al prójimo; el mismo Salvador interviene trayendo confusión en el lenguaje, brindando esperanza a los desprotegidos aún en medio del caos. Un nuevo comienzo para revisar y corregir el camino en adelante.

En medio de la difícil prueba, cuando el patriarca está inmerso en la decisión de entregar su hijo, su único y amado; Dios interviene y provee para el sacrificio (Génesis 22). Es un nuevo comienzo, pues en la cultura por aquellos días era común y normal entregar incluso a los niños en ofrenda para los dioses, con el fin de apaciguar su ira; Sin embargo, no funciona así para el Dios de Abraham, quien lejos de aceptar los sacrificios humanos como gratos, hace pacto y ahora es Él quien provee para el holocausto. ¡Es un Dios diferente, uno proveedor!

El religioso que asesinó y descuartizó a su mujer porque había sido violada

Uno de los relatos más impactantes y difíciles en la Biblia, es el del levita y su concubina, narrado en el libro de Jueces, capítulo 19. Una historia que más parece de terror que teológica y que ha tenido lecturas e interpretaciones desde muchos ángulos, pero que no deja de ser, por lo menos, perturbadora.

El relato bíblico la presenta así en la Traducción del Lenguaje Actual.

En los días en que los israelitas todavía no tenían rey, un hombre de la tribu de Leví vivía con una mujer de Belén de Judá, en un lugar muy apartado de las montañas de Efraín. Un día ella se enojó con él y regresó a la casa de su padre en Belén. Estuvo allí cuatro meses, hasta que llegó el hombre para convencerla de que volviera con él. Lo acompañaba un sirviente, y llevaba dos burros. Ella lo hizo pasar a la casa, y cuando el padre vio al esposo de su hija, lo recibió con alegría y lo invitó a quedarse con ellos. El hombre y su sirviente se quedaron allí tres días, comiendo y bebiendo. Al cuarto día se levantaron de madrugada, y el hombre se preparó para viajar, pero su suegro le sugirió: «Come algo antes de irte, aunque sea un poco de pan. Te hará bien».

Entonces los dos se sentaron a comer y a beber juntos. Después el padre de la joven le dijo a su yerno: «¡Por favor, quédate una noche más! ¡La pasaremos bien!»

El hombre se levantó para irse, pero su suegro le insistió tanto que se quedó. Al quinto día se levantó muy temprano, decidido a salir, pero su suegro le dijo otra vez que comiera algo y se quedara hasta la tarde. Así que los dos se sentaron a comer juntos. Cuando otra vez el hombre se levantó para irse con su mujer y su sirviente, su suegro le dijo: «Quédate, por favor, porque pronto será de noche. Pasaremos un rato agradable, y mañana muy temprano te irás a tu casa».

Pero el hombre no quiso quedarse otra noche más, así que se levantó y se fue. Lo acompañaban su mujer, su sirviente y dos burros cargados. Cuando se acercaban a Jebús, es decir, a Jerusalén, el sirviente le dijo:

Sería bueno quedarnos a pasar la noche en esta ciudad de los jebuseos, ¿no le parece?

Y el hombre le respondió:

No. No nos quedaremos en ninguna ciudad que no sea de los israelitas. Sigamos hasta Guibeá, para ver si allí o en Ramá podemos pasar la noche.

Siguieron entonces su camino, y a la puesta del sol ya estaban cerca de Guibeá, ciudad de la tribu de Benjamín. Se apartaron del camino y entraron en la ciudad. Como nadie los invitó a su casa para pasar la noche, el hombre fue y se sentó en la plaza. Al caer la tarde, pasó por allí un anciano que volvía de trabajar en el campo. Este anciano era de la zona montañosa de Efraín, pero estaba viviendo en Guibeá. Cuando el anciano vio al viajero sentado en la plaza, le preguntó:

¿De dónde vienes? ¿A dónde vas?

El hombre le contestó:

Venimos de Belén de Judá. Pasamos por aquí porque estamos volviendo a la parte más apartada de las montañas de Efraín, donde vivimos. Pero nadie nos ha invitado a pasar la noche en su casa. Tenemos de todo: paja y pasto para los burros, y pan y vino para nosotros tres.

Entonces el anciano le dijo:

¡Pero no pueden pasar la noche en la plaza! ¡En mi casa serán bienvenidos! ¡Yo les daré todo lo que necesiten!

El anciano los llevó entonces a su casa, y mientras los viajeros se lavaban los pies, él les dio de comer a los burros. Después de eso cenaron.

Estaban pasando un rato agradable cuando, de pronto,

unos hombres de la ciudad rodearon la casa y empezaron a golpear violentamente la puerta. Eran unos hombres malvados, los cuales le gritaron al dueño de la casa:

¡Qué salga el hombre que está de visita en tu casa! ¡Queremos tener relaciones sexuales con él!

Entonces el dueño de la casa salió y les dijo:

¡Amigos míos, por favor, no hagan eso! ¡Es una terrible maldad! El hombre está de visita en mi casa. ¡Miren! Les traeré a su mujer, y también a mi hija, que todavía no ha tenido relaciones sexuales con nadie. Hagan con ellas lo que quieran; ¡humíllenlas, pero no cometan tal maldad con este hombre!

Como los hombres seguían molestando, el hombre tomó a su mujer y la echó a la calle. Entonces ellos la violaron, y la siguieron maltratando toda la noche, hasta que amaneció.

Estaba amaneciendo cuando la mujer volvió a la casa del anciano, donde estaba su esposo; cayó de bruces delante de la puerta, y así se quedó hasta que se hizo de día.

Cuando su esposo se levantó para continuar el viaje, al abrir la puerta encontró a su mujer tirada en el suelo y con las manos extendidas hacia la puerta. Le dijo: «¡Vamos, levántate! Tenemos que irnos». Pero ella no respondió. Entonces el hombre la puso sobre el burro y se fue a su casa. Al llegar, tomó un cuchillo, cortó a su mujer en doce pedazos, y los mandó a todas las tribus de Israel. Todos los que veían esto decían: «¡Nunca hemos visto algo así! Nunca, desde que nuestro pueblo salió de Egipto, ha ocurrido algo parecido. Tenemos que hacer algo, pero pensémoslo bien antes de actuar».

Para abordar la lectura de este relato, se podría echar mano de diferentes herramientas, desde el literalismo, hasta la hermenéutica. Sin embargo, la peculiaridad del mismo va a exigir no hacerlo de una manera apresurada.

Independientemente si el relato ocurrió (históricamente), o sólo es una historia ilustrativa de un principio teológico, desde él se ha construido y se siguen construyendo imágenes de Dios. Tradicionalmente este episodio se ha entendido desde la teología retributiva (o de la retribución), esa que señala que cada quien obtiene el pago o recompensa de sus actuaciones.

En el versículo 2 del texto, la versión Reina Valera señala que la mujer *"fue infiel a su esposo"*. Desde esta sentencia, algunos han llegado a concluir que el mal que vino sobre la concubina, es consecuencia de su pecado hacia el levita.

Sin embargo, la versión elegida en este escrito, da claridad sobre a qué se refiere el texto cuando dice que esta mujer fue infiel. Y tiene que ver justamente con la naturaleza de los matrimonios bíblicos, en los que la mujer no era nada más que un bien del esposo. Allí no se refiere a una falta moral, sino tiene implicaciones económicas, pues a la concubina marcharse del lado de su marido, al lado del padre, está transgrediendo la propiedad privada del levita y generando con esto una afrenta.

Este hecho explicaría la reacción del padre de esta mujer, quien al recibir al levita en su casa, no quiere perder oportunidad para atenderlo y brindarle comodidades, pues de alguna manera, el comportamiento de su hija, de acuerdo al estándar bíblico, le habría arrastrado a él a agraviar al religioso hombre.

En este contexto, se hace necesario tener en cuenta la calidad del protagonista de la historia, quien pertenece a los hijos de Leví, los cuales, de acuerdo a la constitución de Israel explícita en la ley de Moisés, no podían tener heredad, ni hacer negocios, ni realizar labores comerciales o agrícolas con fines económicos. Esta tribu dependía de las demás para así subsistir. Sus únicos ingresos eran los diezmos, ofrendas y sacrificios que se presentaban para Dios, de estos comían ellos.

Una vez que el levita decide dejar la casa de su suegro, habiendo recuperado su propiedad (la mujer), se dirige de regreso a casa, teniendo la posibilidad de hospedarse en medio de una tierra que no es la de Israel, pero decide no hacerlo, sino que en cambio de esto, prefiere pasar la noche en tierras de su mismo pueblo.

Esta actitud es clave en el relato, pues por las normas judías, tener el menor contacto posible con otras tribus paganas, se traduce en lealtad al Señor y resguardo a su propia integridad, pues cualquier otro pueblo podría ser un enemigo potencial por esos días.

En medio de su decisión y luego de no contar con la hospitalidad del pueblo, logra hallar gracia ante los ojos de un anciano que lo recibe en su casa para pasar la noche. Estando allí, los hombres del pueblo tocan a la puerta del anciano para violarlo a él, a lo que el hospedador responde que en vez de esto, entregará, tanto a la mujer del levita, como a su propia hija virgen.

Una vez la maldad del pueblo ha alcanzado a estas dos mujeres, el levita toma lo que quedó de la propia y prosiguió con su cometido de llegar a casa. Una vez allí la corta en doce partes y envía una a cada rincón de Israel.

Al parecer el escriba que dejó esta historia está haciendo una denuncia contra la injusticia y la maldad del pueblo en contra de un hombre desprotegido y que no tenía las posibilidades de los demás. Se supone que al estar este levita en medio de sus compatriotas tendría mayor dignidad y misericordia que estando en el extranjero, pero no fue así. Fue su propio pueblo, al que él servía, quien le causó gran afrenta.

Porque la única posesión de este hombre, de acuerdo a la ley era su mujer y le fue arrebatada, una situación parecida a la que en su momento posterior, el profeta Natán denunciara contra el Rey David.

Si la historia ocurrió o no, no lo sabemos, pero lo que sí es claro, es que el mensaje que el escriba habría documentado como denuncia, quiso ser muy claro, pues cada parte de la mujer representa una tribu de Israel, todos pecaron, todos ayudaron a la injusticia, todos participaron del horror y todos debían asumir las consecuencias de sus actos.

Una nación que en vez de proteger a los necesitados y desamparados, los busca para abusarlos y aprovecharse de ellos, satisfaciendo su maldad y deseos egoístas.

La mujer, sería sólo una víctima, al igual que el levita y al igual que la hija del anciano hospedador y su hija. Esta historia es una denuncia de acuerdo a la lógica del pueblo en los tiempos que describen los hechos. Una denuncia parecida a la del profeta Malaquias en el capítulo 3 de su libro, en donde el pueblo había olvidado a la tribu de servidores que él debía sostener y alimentar, llevándolos al hambre y obteniendo como resultado que el mismo Dios los reprendiera.

A nuestros ojos no es justificable tampoco lo que hizo el levita con su mujer, sin embargo su proceder obedeció a las costumbres de su época, una que se caracterizaba por la violencia y el menosprecio por la mujer.

Es interesante que a pesar del lenguaje bíblico plagado de violencia y relatos llenos de situaciones que a nuestros ojos resultan macabras, e incluso aberrantes, parece que para el Dios de las Escrituras judías es importante la misericordia, la justicia social manifestada a las viudas y los huérfanos, los pobres, e incluso los extranjeros, los esclavos y los animales.

Para la cultura israelí, hospedar al forastero es una de las acciones más nobles que se pueden tener.

Todo desde la premisa que aquel pueblo también fue extranjero y por lo tanto, debe asumir una actitud benévola hacia aquellos en esa misma condición. Pero sobre todo, el Día de Reposo se presenta como una demostración de gracia y misericordia que a la postre, se convirtió en una herramienta de opresión.

Durante el séptimo día todos en la nación debían descansar. Desde la sociedad en general, hasta los esclavos y los animales.

Una expresión así de bondad no es común en medio de los pueblos alrededor de la cultura judía en sus tiempos. Esto brinda rasgos importantes que pueden dibujar la imagen del Dios judeocristiano.

El Rey David y sus episodios trágicos-violentos

Uno de los referentes más destacados con respecto a las imágenes que nos podemos construir de Dios, con Jesús como herramienta hermenéutica, es la del Rey David.

Este afamado personaje bíblico, es citado como ejemplo

en cientos de púlpitos, libros y publicaciones alrededor del mundo, incluso en términos de moralidad y ética. Es entendible, pues una de las frases que más se recuerda al momento de describirlo, es que este es el hombre *"conforme al corazón de Dios"*.

Sin embargo, la vida de David está salpicada por un sinnúmero de episodios trágicos y que lejos de ser observados como un ejemplo de vida, pueden más bien considerarse como acciones a no imitar. Por supuesto que el grueso del cristianismo se ha quedado con lo "positivo" del joven de buena apariencia, quien en sus inicios pastoreaba sin contar con el reconocimiento de su padre, quien además derrotó al gigante y cuando fue ungido soberano, no tomó venganza en contra de su enemigo, el rey en ejercicio, quien procuraba su muerte.

Un héroe que poco a poco fue incrementando su fama, e inspirando canciones populares como *"Saúl mató a mil y David a sus diez mil"*; un pastor que defendió sus ovejas mientras *luchaba cuerpo a cuerpo en contra del oso y del león*, un hombre que se atrevió a insinuar que Dios mismo, quien había dado la ley sobre los holocaustos, realmente no los quería; un gobernador que cantaba y danzaba en público, llegando, al parecer, aún a desnudarse delante del pueblo. Un apasionado por Dios, quien deseó en su corazón construirle casa, pero que no pudo.

Y así comenzó una historia al estilo Hollywood, con un joven y entusiasta emprendedor que terminó perseguido, con su familia dividida y a expensas del temor y la zozobra. Coronando a su sucesor, el hijo de la mujer con quien había perdido los estribos y producto de su adulterio, cometiendo asesinato.

David fue un pésimo padre; a pesar de su destreza como hombre de guerra y gobierno. Quizá sus ocupaciones dirigiendo la nación le robaron la atención que debía brindar a su primer reino, el de su propia heredad. Tal vez el comportamiento del afamado Rey de Israel, de la estirpe por medio de la que vendría el salvador, daría visos, a través de su relato, el verdadero carácter de Dios.

Lo usual ha sido señalar a Absalón como un rebelde contra su padre, el cual merece todo el desprecio por la deshonra; sin embargo, una lectura detenida de 2 Samuel, capítulos 12 al 18; mostraría que el desinterés del Rey por atender la demanda justa de su hijo, desencadenó, incluso la muerte de este último. Toda acción tiene una causa.

Así mismo, se suele desde los púlpitos culpar a los "rebeldes" que dividen las iglesias, se predica a Absalón como ejemplo deshonroso de esto; pero se ignora el malvado proceder de su padre. Que bueno sería que de vez en cuando los líderes religiosos y autoridades eclesiásticas revisáramos nuestro proceder, tal vez seamos nosotros mismos los artífices de las rebeliones en medio de las comunidades. Eso sería tan honesto, como deseable. Seguramente si los padres revisáramos nuestra relación en el hogar, encontraríamos que los comportamientos de nuestros hijos, aquellos que tanto nos desilusionan, nacieron a causa de los nuestros, los propios.

Pero sigamos con el Rey "adorador" de Israel. Su decisión de cometer adulterio con Betsabé y luego asesinar a su esposo, registrada en 2 de Samuel 11; tiene consecuencias funestas. El profeta, en el capítulo 12 de ese mismo libro declara que en la propia casa de David habrá espada de los unos contra los otros. Vaya. Este hombre llevó a la desgracia a su mismo hogar, evidenciado en el suceso recién mencionado sobre su propio hijo, Absalón.

No. Definitivamente David no es un ejemplo a seguir, y al parecer Dios mismo lo convalida. No solo la casa del guerrero joven valiente fue tocada por sus decisiones; el reino en sí mismo también. Su hijo Salomón lo entregó a "otros dioses" y consecuentemente, este fue dividido.

Todo el mal que el salmista temía le sobrevino. Pero aún más. El mayor deseo en relación a su relación con Dios era *construir casa de adoración*, pero tampoco pudo. La razón está expresada claramente en 1 Crónicas 22:6-8, *"Llamó entonces David a Salomón su hijo, y le mandó que edificase casa al Señor Dios de Israel. Y dijo David a Salomón: Hijo mío, en mi corazón tuve el edificar templo al nombre del Señor mi Dios. Mas vino a mí palabra del Señor, diciendo: Tú has derramado mucha sangre, y has hecho grandes guerras; no edificarás casa a mi nombre, porque has derramado mucha sangre en la tierra delante de mí"*.

Así, la vida de este soberano judío se convierte en un recalcitrante ejemplo de lo que no se debe hacer. No se puede desproteger la familia, pretendiendo servir a Dios y esperar que todo salga bien. No se puede abandonar el amor y la responsabilidad con el hogar por ocupaciones eclesiásticas ni religiosas, por más nobles que parezcan. No se puede ser egoísta contra el hermano y prójimo, pretendiendo que esto pasará por alto. No se puede derramar sangre y esperar preparar casa de adoración, al parecer, para Dios hay una gran distancia entre la guerra y la rendición del culto.

Algunos apelan a la descripción bíblica del Rey hebreo *"un hombre conforme al corazón de Dios*", para validar el comportamiento de David. Sin embargo, el profesor de idiomas bíblicos y teólogo Héctor Benjamin Olea, sostiene que esta frase fue expresada en ocasión del momento del ungimiento del Rey, antes de haber actuado como lo hizo durante su vida y reinado. No puede usarse de ninguna manera para convalidar sus acciones.

Esto, como dije anteriormente, dibuja imágenes de Dios. Lejos de esa obtusa y violenta que se ha forjado, muestra que para el Padre del cielo lo más importante es el amor, el cuidado y la responsabilidad con la familia, con los seres amados, los cercanos. No se puede pretender servir a Dios siendo una mala persona en casa, o deseando para sí mismo y egoístamente el bienestar del prójimo, tomándolo con las propias manos. Estas actitudes no pasarán inadvertidas.

No se puede usar el poder para obtener beneficio propio a expensas de otros, incluso, arriesgando vidas humanas. No se puede ser desleal so pretexto de una condición de "honra" ante el creador.

Por eso Jesús, el hijo de David, vino a mostrar el camino del amor, de la compasión, de la entrega, la vida comunitaria, usó su condición de "linaje real" para corregir las equivocaciones y mostrar cómo debía hacerse. A su manera, a la manera de Dios.

La parábola que usualmente se ha usado para enseñar sobre finanzas del reino y pedir plata con ella, es la de los talentos que se encuentra consignada en los evangelios de Mateo (25) y Lucas (19). Sin embargo, este texto tiene una particular que bien podríamos resaltar. Se trata de la situación del último siervo.

Cuando él es increpado por el señor sobre su nulo desempeño, este trabajador alegó desde la imagen (y resalto esta palabra) que tenía de ese señor, diciendo *"yo conocía que eres un hombre fuerte que cosecha donde no ha sembrado y recoge donde no ha esparcido"*. Y es interesante porque tal imagen se había construido quién sabe cómo, menos de la experiencia que había tenido con él, puesto que no podía decir que el Señor recoge de donde no siembra porque ¡Él mismo había recibido un talento!

Lo que quiero decir es que lo que condenó a aquel inepto trabajador, de acuerdo al relato, es la imagen que tenía del señor. Una clara invitación para que revisemos nuestras imágenes de Dios y escuchemos atentamente a aquellas que se nos proponen desde la persona de Jesús.

---

[19] Sztajnszrajber , Darío. *Derrida*. Argentina: Audiovisual. https://youtu.be/oZG5Lq_wnHk. Consultado: Enero 2019.
[20] Referencia a aprendido por vista o experiencia y luego copiado siguiendo los mismos patrones aprendidos
[21] No se asuste, en los siguientes capítulos desarrollaremos a cabalidad el asunto de la fe
[22] Con referencia a la filosofía Griega
[23] Biblica. NVI, Food Notes. 1999
[24] Oyarzún, Ulises. *El Evangelio Perdido de Jesús*. Estados Unidos: Kate & Cumen. 2017. Impreso
[25] Sanchez, Cetina. La Respuesta de la Antropología Cultural. ¿Qué es la Biblia?. Web. Consultado, Febrero 2019
[26] Relectura. Una nueva lectura desde otra cosmovisión o constructo resultante de la deconstrucción
[27] Bell, Rob. *What is the Bible*. Estados Unidos: Harper One. 2017. Impreso
[28] Por observación propia o comprobación experiencial

CAPÍTULO 4

El asunto del mal

¿Dios creó el mal? Si Dios lo hizo, entonces es malo. Si Dios no lo hizo, no es el creador de todo. Si Dios desde su omnisciencia sabía que aún a pesar del mal el hombre pecaría y por consiguiente se condenaría a la muerte, es malo, pues siguió adelante con su plan, aún conociendo las trágicas consecuencias. Si no sabía, entonces no es omnisciente.

Al formularnos este tipo de cuestionamientos, la religión ya tiene la respuesta clara, *a Dios no se le cuestiona, sino se le obedece*. O sacará la vieja confiable, *La soberanía de Dios así lo determinó y no nos compete a nosotros entenderlo, sino humillarnos ante su voluntad*. Ok.

El Diablo y los demonios

Siempre que hay un acercamiento a temas bíblicos, lo primero que se debería considerar es lo que tradicionalmente se ha dicho de él, pues es desde ahí que la reflexión teológica se puede construir o deconstruir. Una vez entendida la posición de cierta corriente hermenéutica o ideología, bien se puede aportar al conocimiento existente o por el contrario, se puede generar interrogantes a posturas clásicas, dando como resultado una interesante y enriquecedora conversación.

Particularmente tengo amplias raíces pentecostales y carismáticas, desde las cuales se han escrito un sinnúmero de publicaciones sobre *demonología, diablogía, satanasía* y demases; han respondido a preguntas como, *¿Quién es el diablo y sus demonios? ¿Cómo y dónde opera? ¿Cómo limpiar los aires espirituales? ¿Cómo realizar el mapeo espiritual? ¿Cómo realizar declaraciones y decretos en contra del reino de las tinieblas? ¿Cómo realizar una liberación eficaz?* y algunos cuantos etcéteras más.

Hay diversas explicaciones al asunto del mal y a la encarnación de este. El diablo, como personaje con características antropomórficas [29], liderando a un ejército de demonios. Este último, aún en medio del pentecostalismo y sus disidencias, puede ser conformado, o bien por los ángeles que se rebelaron contra Dios en el cielo antes de la expulsión del *Luz Bella*, o bien, almas de seres humanos que han muerto sin Cristo (no salvos) y que deambulan en el mundo, mientras cumplen la sentencia de vivir ciento veinte años en nuestro planeta. Ambas con su respectivo sustento bíblico.

Aquí se han dibujado un importante número también de escenarios escatológicos [30], en donde se ha descrito que estos demonios organizarán un complot casi *conspiracionista*, en el que mostrarán a supuestos extraterrestres para explicar así el Arrebatamiento de los hijos de Dios, entre otros.

En la vereda de enfrente se encuentran la mayoría de reformados e iglesias históricas, quienes ya cerraron el tema con la expresión, *Cristo venció al diablo y sus demonios en la cruz, por consiguiente no hay maldición que afecte a los verdaderos hijos de Dios*, o, *No importa preguntarse por lo que Dios no quiso mencionar, misteriosos son los caminos del Señor y eso compete a la soberanía divina*. No es un tema que les trasnoche, ni por el cual se interesen mucho. Sin embargo, en cualquiera de los casos, la imagen del diablo y los demonios se ha construido desde cierta cosmovisión binaria entre el bien y el mal, y pareciera que desde la trascendencia de un mundo espiritual, entendido con ciertos tintes helenísticos.

Como ya hemos tenido cierto contacto con dichas explicaciones sobre el asunto del mal y como ya se ha escrito tanto, no valdría en esta oportunidad hacer llover sobre mojado, sino más bien explorar qué significado podría tener para nuestros días el diablo y la relevancia de dicho significado en el quehacer.

Me atrae de sobre manera la declaración del teólogo chileno César Soto, quien reflexiona sobre nuestra actitud al momento de acercarnos a las Escrituras desde una conocida canción del cantante español Alejandro Sanz. En su tema *Amiga Mía*, el músico declara *"Yo quiero regalarte poesía, tú piensas que estoy dando las noticias"*. Así que Soto, valora el mensaje expresado por el cantante y lo compara con los evangélicos en nuestros días. Tenemos el texto sagrado escrito en verso, con claras alusiones alegóricas, con figuras literarias metafóricas, hipérboles y otras; toda una obra poética, pero la leemos como una crónica o reseña periodística y las interpretamos literalmente. Interesante.

Así hemos hecho con los textos de Ezequiel 28 e Isaías 14. Un personaje descrito en estos textos, un ángel o una estrella de la mañana. Una estrella literal no tiene vida, ni pensamientos, ni mucho menos características humanas. Comprender esto nos da luces sobre la naturaleza de los textos y la manera como nos acercamos a ellos. ¿Por qué, si la metáfora habla de la estrella, tiene que referirse necesariamente a un ser único o a imagen y semejanza nuestra?

Él, vestido de piedras preciosas, con ciertas características y responsabilidades, es expulsado por sus comportamientos en contra de Dios mismo, su creador. Incluso, algunos teólogos defienden que estos mensajes iban dirigidos a reyes de carne y hueso en sus días y que no se refieren necesariamente a un ser místico que encarnó el mal.

Sin embargo, desde el poema, el mensaje teológico es supremamente relevante: Dios no tolera el mal, y por su benevolencia, siempre lo expulsará de delante de él. Al mal y a quienes lo siguen, lo secundan, e incluso, lo adoran. Sí, el autor bíblico lo habría descrito desde su entendimiento y habría engendrado la explicación del origen del mal que tanto daño hace, habiendo visto a su alrededor el sufrimiento y lo que ocurre, de tal manera que bien pudo presuponer que este tenía, incluso, voluntad propia, le adjudicó características antropomórficas y poderes deterministas. Toda una construcción teológica.

Pero, ¿Y si el mal no necesariamente está encarnado en un Diablo como personaje antagónico a Dios mismo? Otro de los relatos que lo describe como tal, es la historia de Job. Bien podría ser un hecho histórico, bien una parábola. No hay consenso al respecto, aunque en cuanto a Satanás, se lo ha asumido como un relato literal histórico, cuando, repito, no hay certeza de ello. Otra vez, interesante.

Pero bien, si ese Diablo es un personaje real, antropomórfico, con voluntad propia, un ser creado que se corrompió, ¿Qué características posee? ¿Es también omnisciente, omnipotente, omnipresente, etc.? Al parecer estas características se le han adjudicado en cientos de miles de púlpitos alrededor del mundo, cuando se dicen cosas como *El Diablo lo tiene derrotado, no se deje vencer por el Diablo hermano,* ó, *vamos a derrotar al Diablo.*

Así que ante ciertos temas, en los que parece haber diversas respuestas a un sólo interrogante, muchas veces disímiles entre sí, un buen camino, de hecho el mejor de todos, es intentar acercarse a los textos desde Jesús para poder construir una percepción de aquello desconocido a lo que nos enfrentamos.

Y aparece una referencia textual a Satanás en medio de un momento determinante en la vida del carpintero, en su tentación. Y la palabra Satanás para los judíos significa: Adversario, Enemigo, Acusador. Es interesante además cómo el relato está lleno de simbolismos claves para los israelitas y detalles importantes en su fe: 40 días, el desierto, el Espíritu Santo quien es quien lo lleva allí, etc. Pero uno que se destaca es la vulnerabilidad en la que estaba el Hijo del hombre en ese momento, luego de pasar tiempo sin tener alimento, cuando la flaqueza lo caracteriza y hay dentro de sí, una lucha contra él mismo.

Notemos que incluso las tentaciones que recibe, propendían a atacar esa situación de vulnerabilidad en la que se encontraba. La primera, atendería directamente a la de alimentarse, la segunda, a demostrar que él verdaderamente era el Hijo de Dios y contaba con el respaldo del Padre; la tercera, obtener el gobierno de las naciones sin tener que pasar por el dolor. ¿Y si la tentación de Jesús, entendida en el imaginario colectivo como proveniente de un ser externo, más bien había nacido de su interior, como cualquier ser humano? ¿Y si la acusación, la adversidad y el enemigo número uno de su plan en este mundo era él mismo, y la figura del diablo es una expresión poética de ello?

Uno de los textos que más se usa en demonología y liberación (exorcismo) es el que se encuentra en el evangelio de *Marcos capítulo 5*. Recuerdo haber escuchado al teólogo chileno Ulises Oyarzún, hablar sobre la carga simbólica del relato, la cual hace tanto ruido, que es imposible pasar por alto.

En primer lugar, el endemoniado se llama legión, un nombre que en la época sólo se le adjudicaba a un pelotón de mil soldados del ejército de Roma. Ningún otro ejército en sus días denominada a sus pelotones de esa manera. Así que aquí tenemos al poder opresor del imperio, representado en los demonios.

Luego, esta legión, reconociendo la autoridad del Hijo de Dios le pide que no los saque de su tierra. Aquí tenemos el lugar de influencia de Roma, en una tierra que no era suya, sino usurpada. Y en última instancia, pedir que sean enviados a los cerdos, lo cual les es concedido. Los cerdos, animales inmundos, la escoria, son menos que la maleza, repudiados. El mensaje es frontal: No hay poder del imperio que haga afrenta al Reino de Dios de tal manera, que no quede reducido a menos que inmundicia.

Por último, el descontento de los habitantes de la región, quienes no ven la liberación de un oprimido como el mayor de los milagros, sino que se percatan de las pérdidas económicas que esto representa para ellos. El no aceptar el mensaje de Jesús como una buena nueva, sino como una afrenta al *status quo*.

Hay que subrayar que el desarrollo científico en los tiempos que narra la Biblia era casi inexistente. De esta manera, no se tenía el conocimiento que poseemos hoy con respecto a muchas cosas que ocurren a nuestro alrededor. Por ejemplo, para la humanidad en la antigüedad, un terremoto era producido por la voz de Dios a causa de su enojo con la tierra que lo experimentaba. Hoy la ciencia nos ha mostrado que estos fenómenos se ocurren naturalmente por la acomodación de las placas tectónicas bajo el suelo, y que por consiguiente, estos se pueden presentar, tanto en ciudades, como en áreas despobladas.

Así mismo pasaba con muchas enfermedades que no tenían explicación ni cura con la medicina de esos días, todo se le adjudicaba al diablo, o a algún pecado que hubieran cometido los padres y este afectaría a los hijos. De igual manera, cualquier enfermedad mental, se le daba crédito a demonios, hoy sabemos que así como el cuerpo puede padecer desórdenes, la mente también.

Y aunque Jesús se refiere al mal también con el título del *Príncipe de este mundo*, lo hace refiriéndose al sistema opresor, a los pecados comunitarios, la envidia, el egoísmo y la ausencia de afecto por el otro, por quien sufre, el necesitado, el falto de amor.

¿Es importante el origen del mal?

Parece que al Maestro de Galilea no le interesa cómo se origina el mal que se expresa en alguien a la vera del camino, sino que más bien se preocupa en enseñar a sus seguidores cómo combatirlo. En el evangelio de Juan, capítulo 9, versículo 3 declara que no es importante quién pecó, si los padres, antepasados o incluso quien es agobiado por el mal, sino que su situación es la mejor oportunidad para que Dios se glorifique.

Esto de ninguna manera reivindica el mal o la pobreza, sino que de acuerdo a la vida de Jesús, vencer el mal, restaurar, quitar el hambre de quien la padece, es la mejor manera de dar gloria a Dios. Vencer al mal con el bien.

Se ilustra magistralmente con la oración del Padrenuestro y la metáfora que propone el Apóstol Pablo hacia la iglesia. Este último se refiere a ella como cuerpo. De este modo, si nuestra oración es vencer el hambre pidiendo a Dios que envíe comida a quienes no la tienen (el pan de cada día), las Escrituras nos recuerdan que nosotros mismos somos el cuerpo de Cristo en la tierra y es ahora nuestra responsabilidad proveer pan a quien no lo tiene en nombre de Dios, para así, vencer al mal con el bien.

Eso mismo ocurrió en la parábola del Buen Samaritano. Hubo un mal que le sobrevino a un hombre. No importa si se es religioso o no, si se es aceptado o rechazado, si se tiene status o se es inmundo, hay que ayudar al prójimo, a la víctima, y habrá venido la salvación. A quien padeció y a quien extiende la mano para ayudar. Hermoso.

Al final, ¿Qué importa si el diablo es la encarnación del

mal, si es un ser con características antropomórficas o no, si los demonios son ángeles caídos o almas en pena? Lo importante es que asumamos nuestro papel como iglesia de ser la respuesta de Dios a ese mal, para así erradicarlo.

Sin embargo, hay varias referencias del mismo Pablo a *"principados, potestades, huestes de maldad en las regiones celestes, etc".* Al parecer, en el momento en el que se escribe mucha de la literatura del Nuevo Testamento, incluyendo el apocalipsis, la iglesia ya era objeto de persecución por parte del liderazgo de la religión oficial y de Roma. Así que para poder comunicarse, las cartas escritas en aquellos momentos se valieron de recursos literarios para referirse a sus perseguidores, metáforas como las que usaron Pablo y Juan para que no fueran entendidas en caso de ser interceptadas. Este último en el libro de las revelaciones.

Este lenguaje ayudó a las primeras comunidades de fe a burlar la persecución, hablando de cosas cotidianas pero con un lenguaje que no fuera fácilmente rastreado por sus opresores. Así, los principados, las potestades, las huestes de maldad, etc, son las autoridades políticas y militares de la época. Es muy difícil encontrar que tanto los judíos, como la iglesia del primer siglo pensara en la trascendencia como el mensaje final de Jesús, sino que ellos percibían la salvación en términos inmanentes, aquí y ahora [31].

Así que el mal, nos llevará irremediablemente a pecar, ¿Y qué es pecar? 1 Juan 3:4 nos da una definición bastante útil, pecado es infracción de la ley; pero, ¿Cuál ley? Mateo 22:37-40 tiene una respuesta sorprendente:

"Jesús le dijo: Amarás al Señor tu Dios con todo tu corazón, y con toda tu alma, y con toda tu mente. Este es

el primero y grande mandamiento.

Y el segundo es semejante: Amarás a tu prójimo como a ti mismo. De estos dos mandamientos depende toda la ley y los profetas"

¿Quién es el diablo? Muy fácil, si quieres ver a tu acusador, enemigo y adversario, sólo debes mirarte al espejo. Basta de culpar a agentes externos de nuestras propias fallas, es tiempo de conocernos para asumirnos como Dios nos ve y si el resultado de este examen, arroja que necesitamos ayuda, debemos aprender a pedirla.

"Cuando ustedes sean tentados a hacer lo malo, no le echen la culpa a Dios, porque él no puede ser tentado, ni tienta a nadie a hacer lo malo.14 Al contrario, cuando somos tentados, son nuestros propios deseos los que nos arrastran y dominan. 15 Los malos deseos nos llevan a pecar; y cuando vivimos sólo para hacer lo malo, lo único que nos espera es la muerte eterna" Santiago 1:13-15

Retomando la teoría mimética y chivo expiatorio de Girard, al nosotros asumir que nuestra maldad es el resultado de la mímesis (repetición de comportamientos aprendidos de otros), no la asumimos como propia y por lo tanto no nos responsabilizamos de ella. Es por eso que la proyectamos en otros, bien sea personas, circunstancias o cosas. Así, el diablo es el chivo expiatorio perfecto para librar nuestras conciencias.

Por estar desgastándonos en encontrar el origen del mal o las características del mismo, hemos desperdiciado energía valiosa para poder combatirlo, tal y como lo evidencia Jesús en su discurso y acciones. ¿Y si Dios no interviene? ¿Y si la metáfora de la iglesia como cuerpo nos está animando justamente a tomar nosotros acciones para hacer frente al mal, dando por ejemplo de comer al hambriento, vistiendo al desnudo, consolando a quien sufre?

¿Y si Dios no nos guarda?

La bellísima declaración de confianza en Dios, con el pasar de los años se ha convertido en una muletilla evangélica más. *"Que Dios nos guarde"*, una oración que pronunciamos casi que automáticamente cuando escuchamos de alguna catástrofe o tragedia ocurrida a alguien más, cuando el mal o la desgracia toca a un ser querido, conocido, o incluso, extraño, pero que llega a nuestros oídos y nos estremece; no teniendo más a la mano, que un deseo legítimo de ser cuidados por el Señor, para que no nos ocurra algo parecido.

Tenemos motivos para asumir esta actitud de esperanza proteccionista por parte del cielo. Desde textos bíblicos, hasta predicaciones, canciones, e incluso impulsos internos que nos dan la tranquilidad que Dios intervendrá y estaremos a salvo, nada malo tocará nuestra casa, ni nuestra vida, o nuestra familia.

Incluso, desde dicha seguridad, somos capaces de lanzar sentencias inmisericordes a quienes vemos que caen en desgracia. *Seguro estaba en pecado, uno no sabe qué puerta le abrió al enemigo para que le pasara eso, es un castigo divino por tanta maldad, eso lo pasó porque el Señor lo cortó y antes no fue peor, esta es una advertencia.* De esta manera aprendimos a proyectar nuestra maldad, falta de amor y empatía hacia otros desde cierta propia superioridad moral y justificándola con una falsa piedad.

Catástrofes naturales, enfermedades terminales, crisis económicas, tristezas o depresión; cualquier cosa que consideremos sea *estar en derrota*, son la excusa perfecta para afilar las armas y dirigirlas hacia nuestro hermano, para así, rematarlo en el suelo. Si su lucha no lo derrotó, ahí estamos como cristianos listos para acabar el trabajo en él o ella. De lo que no nos percatamos es que quien vino a robar, matar y destruir es el ladrón; Jesús vino a darnos vida, y vida en abundancia (Juan 10:10).

Hace algunos meses atrás, pude ver la reacción aterrada de los padres de una pequeña, quienes vinieron a presentarla al Señor en la reunión de domingo. Su expresión se debió a la reflexión realizada durante dicho acto. *"¿Y si Dios no la guarda?"*, cuestioné ante la congregación, refiriéndome a la posibilidad que en algún momento, aquella pequeña a quien amamos con el corazón y de quien, por supuesto, esperamos no saber que haya sido víctima de abuso sexual; pudiera estar en peligro ante un flagelo como este.

Nadie quiere escuchar dichas palabras que en un principio podrían resultar desesperanzadoras, mucho menos en un momento tan bello como lo es la presentación de un infante ante Dios. Se supone que en este rito pedimos la protección y bendición del cielo sobre el pequeño.

Una reacción similar noté en los rostros de la pareja que aspiraba a celebrar su ceremonia de matrimonio. En el curso previo, les pregunte sobre cuál sería su actitud cuando se enfrentaran a la infidelidad. Ellos no podían creer que les estuviera diciendo esto, mucho menos en un momento de tanta seguridad sobre lo que querían hacer, y máximo, cuando en dichas fechas todo es alegría y amor, no tragedia ni posibilidad de infidelidades o cosas por el estilo.

Les comenté que según un estudio realizado en los Estados Unidos, el 90% de las personas casadas encuestadas, aceptaron que en algún momento de su relación se vieron envueltos en una relación romántica o sexual fuera de la unión con su pareja, constituyendo así episodios de infidelidad. Este es un porcentaje bastante alto, que nos deja en una posición nada esperanzadora de saber que por lo menos, una vez en la vida, uno de los cónyuges se verá envuelto en infidelidad. Sí, los cristianos también; por eso hay que recordar que los índices de divorcio entre parejas que expresan un culto cristiano, son tan altos como las que no.

En el caso del abuso sexual en menores de edad, las cifras no son muy alentadoras tampoco. Según un estudio realizado por el ministerio argentino Placeres Perfectos, los altos índices de este tipo de abuso en medio de familias cristianas son tan aterradores, como decepcionantes. Estos son sólo dos ejemplos; así que hoy urge que la iglesia deje de vivir en el país de fantasía supra-espiritualizada y aterrice los pies en la tierra, justamente para que la expresión del Reino de Dios en nuestro mundo, sea una realidad a través de nosotros. Y ahí está la clave.

El asunto del mal tiene muchos matices, los cuales lamentablemente, al haberse reducido a dos: El diablo y los demonios; se le ha quitado, lamentablemente, la responsabilidad del cristiano frente a él, no sólo en cuanto al no propiciarlo, sino también sobre combatirlo, sanarlo y sobre todo, prevenirlo.

La iglesia debe crecer, no principalmente en número, sino

en madurez, para que voltee sus ojos hacia textos tan reales como el de Job, los cuales evidencian un mensaje importantísimo. También le pueden pasar cosas malas a gente buena, los hijos de Dios también pueden experimentar tragedia; pero sobre todo, a veces Dios decide no hacer un milagro, a veces no nos guarda.

Por eso, Jesús no tomó mucho tiempo en cuestionar los poderes del diablo desde un punto de vista místico, tampoco hizo mucho *mapeo espiritual* o *estrategias de guerra profética*; más bien sus esfuerzos se orientaron a mitigar el dolor, sanar, traer esperanza, abrazar y declarar que el mal se puede prevenir (no olvidemos la parábola de las vírgenes insensatas).

Es cuando la metáfora que usa Pablo con respecto a la iglesia como cuerpo toma tanta relevancia en nuestros días; estamos llamados nosotros a estar preparados para afrontar el mal y por consiguiente, para responder a él, o en el mejor de los casos, evitarlo.

Prepararse para la muy posible infidelidad en medio de la pareja en algún momento de la vida, no solo reducirá el impacto que produce el dolor de esa noticia como tal, sino que además brindará herramientas para la restauración y el perdón. Esto no quiere decir que se pueden justificar este tipo de comportamientos, no. Al contrario, se deben evitar, justamente a través de la concientización de su amenaza en cualquier momento, para no bajar la guardia, para no perder el romanticismo, para no dejar enfriar el diálogo y para mantener los ojos bien abiertos con respecto a posibles amenazas que puedan venir por parte de terceros. Esto será más efectivo que simplemente decir, cuando nos enteramos que una pareja de amigos están pasando por esta situación, *"Dios nos guarde"*.

Así como altas son las tasas de abuso sexual infantil, son altas las estadísticas de prevención de los mismos, cuando los niños y los padres tienen información oportuna sobre cómo reaccionar ante un episodio como este. Por ejemplo, ¿Sabíamos que la mayoría de los casos de abuso sexual infantil pueden ser evitados por el mismo niño? Esto se debe a que gran parte de los casos son perpetrados por conocidos o miembros de la familia del menor abusado. Así, una actitud intimidante del pequeño que pueda ser expuesto a esto, podrá ahuyentar a su agresor.

Por eso es que la formación en medio de hogares e iglesias es indispensable, bajarse un poco de la nube del misticismo o el "espiritualismo" y asumir el rol de cuerpo, las responsabilidades que tenemos frente al mal, la preparación preventiva para afrontar desastres naturales, discusiones de pareja, enfermedades mentales y demás, nos llevarán a tener la victoria; a entender que el Reino de los Cielos comienza aquí y ahora y que es Dios quien nos da el espíritu de Poder, de amor y de dominio propio.

Jesús nos quiere salvar de la ignorancia, el misticismo, la pereza, la irresponsabilidad y nos quiere dar su poder ahora, su Espíritu Santo, su amor y su compañía para que venzamos al enemigo en vida. Desde la vida en abundancia. Llegó la hora de entender, como dice el campesino colombiano, que *"a Dios rogando, pero con el mazo, dando"*.

Cuando Dios decide no hacer un milagro

Una de las enseñanzas que más se ha popularizado en los últimos años en medio de un gran número de congregaciones, principalmente en Latinoamérica y Estados Unidos; es la de los milagros como respuesta al mal. Esta se ha basado en una teología múltiple, la cual ha abordado diferentes posturas argumentativas para sostener, básicamente, que Dios hace milagros multitudinarios a todo el que los necesite.

Personalmente creo que Dios puede hacer milagros, ¡Y los hace!; Sin embargo, en no pocas ocasiones determina no hacerlos, o sencillamente no interviene cuando alguno de nosotros necesita uno. Más allá de la discusión sobre si Dios obra milagrosamente, quisiera enfocarme en cómo es nuestra reacción cuando la respuesta es negativa.

Culpa

Una de las características en las que más se hace énfasis por parte de quienes enseñan esto, es que *los milagros son para todos los hijos de Dios*; de manera que quien no los recibe, está pecando, desarrollando poca fe, o en el peor de los casos, no está respondiendo económicamente para recibir uno (pactar).

Decenas de versículos solitarios o sacados de contexto son usados como armas para dejar en claro que *los milagros están ahí para nosotros y que si no se han manifestado, hay algo en lo que estamos fallando, actuando mal.*

Este tipo de pensamiento y enseñanza trae más dolor al

dolor, pues una persona que está experimentando (por ejemplo) enfermedad, no sólo debe lidiar con su indeseada compañera, sino además con el rechazo social que experimenta en su comunidad cristiana, el señalamiento, el juicio y la tristeza. No sólo debe lidiar con su "aguijón", también tiene que hacerlo con la culpa y el no saber qué hacer.

Conozco personas que después de quince o veinte años siguen esperando su milagro. Oran por él, visitan cruzadas multitudinarias, dan dinero, dejan de adoptar ciertas conductas por considerarlas pecaminosas, pero sin embargo siguen esperando. He conocido así mismo otras tantas que han fallecido a causa de una enfermedad terminal que nunca fue milagrosamente desaparecida tras oraciones y visita a pastores populares.

Algunos oran, ayunan, sirven en sus congregaciones, diezman, ofrendan, asisten a todas las reuniones de su iglesia local y aun así no han sido *prosperados* financieramente. Luego de muchos años, la duda se comienza a apoderar de algunos de ellos, pero sobre todo, la culpa golpea sus mentes y corazones por no ver la respuesta de Dios en su situación.

Pecado

De las definiciones más comunes de pecado, se destaca una, esta es *fallar en el blanco*, significado derivado de la palabra griega *hamartia*. Desde esta perspectiva, vemos cómo quienes hacen énfasis en la enseñanza del milagro, están llevando a otros a errar en el blanco.

Con esto me refiero a que es importante determinar la naturaleza del mal que afrenta a quien requiere de la intervención divina. Quisiera ilustrar un poco a través de un ejemplo.

Una persona que necesita un milagro financiero es motivada en la iglesia a orar más, ayunar más, diezmar más, pactar más e ir a la iglesia más; Sin embargo, la respuesta a su situación puede estar más cerca de lo que espera, esta, puede depender de su propia diligencia frente a la situación en sí misma. Si esa persona dedicara esfuerzos y recursos a ser más diligente, buscar alternativas laborales o de negocio, alterativas de ahorro, etc; esa persona podría aliviar su carga poco a poco. Y esto último es el "talón de Aquiles", pues algunos cristianos prefieren la inmediatez del prometido milagro, antes que el proceso. ¿Pecamos cuando queremos el camino fácil?

Errar en el blanco es desconocer que tal vez algunas enfermedades son el resultado de la mala administración que hemos tenido con nuestro cuerpo, pues no hemos sido responsables de su cuidado. Tal vez un cambio de comportamiento pueda aliviar la carga en nuestra salud.

Así mismo, fallamos en el blanco cuando enceguecidos, no aceptamos que muchos de nuestros problemas relacionales se deben a que nuestro carácter es insoportable. Nosotros mismos alejamos a quienes nos rodean; no hemos aprendido a amar, no somos como Jesús. Tal vez si desarrollamos el fruto del Espíritu en nuestra vida, los dolores emocionales sean menores.

La lista puede ser interminable, pero debemos también recordar que la vida no es en blanco y negro.

Jesús hizo milagros

Nuestro referente es y será Jesús, pues a través de él podemos conocer al Padre. Quiero devolverme unas líneas atrás, ahondando sobre eso de que no vemos en blanco y negro.

Con esto digo que la vida no es fácil y suele darnos golpes duros. La pérdida de un ser querido, una enfermedad terminal, la pérdida de la estabilidad financiera, son cosas que no controlamos y que llegan a nuestro caminar en el momento menos esperado, trayéndonos una carga muy pesada y desesperante, a tal punto que anhelamos el milagro.

Y en medio de esas cosas duras de la vida, Jesús obró milagros. Que hermoso es ver los prodigios del Maestro galileo, pero es mucho mejor ver el milagro detrás del milagro. Cada sanidad, cada palabra, cada acto era una caricia al alma del necesitado. Jesús les trajo vida eterna, los amó.

Mientras la religión buscaba razones para ser una carga más pesada a quienes sufrían (Mateo 9:3), Jesús demostró su amor trayendo transformación. Esa transformación se traducía en un toque, en compañía, en amor, misericordia y perdón.

Ahora, debemos aprender a reconocer el milagro tras el milagro. Los evangelios están llenos de mensajes teológicos. Puede que estos milagros sí hayan ocurrido literalmente, pero puede que estos relatos busquen transmitirnos un mensaje teológico. En su libro Metáforas, el teólogo César Soto nos invita a reflexionar sobre algunas posibilidades alrededor de las acciones magníficas del carpintero de Galilea.

Por ejemplo, ¿Y si el verdadero milagro de los leprosos no fue la limpieza de su piel, sino el toque que el Maestro les regaló a estas personas que eran inmundas y nunca habían recibido uno en sus vidas? ¿Y si en la multiplicación de los panes y los peces, el verdadero milagro fue la solidaridad de quienes estaban allí y representados en el niño dejaron a disposición de los discípulos lo que cada uno trajo para sí mismo, pero en manos de ellos se repartió a todos, incluyendo a quienes no tenían nada y se saciaron y sobró? El verdadero regalo, dice el refrán popular, son las manos que lo entregan.

Jesús Lloró

Uno de los episodios más conmovedores del ministerio del carpintero nazareno se encuentra en el evangelio de *Juan en el capítulo 11*. Allí él respondió ante la situación de sus amigos y lloró.

Un pasaje que se ha interpretado de muchas maneras, pero que devela la naturaleza del Dios que se hizo humano, uno que se conmovió hasta las lágrimas (versículo 34). Y sí, lloró. Y sí, lo hizo en medio de las lágrimas de sus allegados.

La religión, tal vez con una buena intención nos ha querido *espiritualizar* de tal manera, que ha buscado desnudarnos de nuestra humanidad. Está mal visto llorar, sufrir; todo porque debemos *vivir en victoria*, o no podemos *declarar la derrota*. Pero Jesús lloró y llora.

La iglesia no ha aprendido a llorar con los que lloran, a sufrir con quienes sufren y a reír con los alegres. Al contrario, hemos encontrado la disculpa perfecta para martirizar a quienes requieren del milagro y no lo reciben.

Por supuesto que luego del llanto, el maestro resucitó a Lázaro, ¡Obró el prodigio!; Pero. ¿Y si vemos, otra vez el milagro detrás del milagro? Jesús le dio vida, así como nosotros, hemos recibido vida para dar vida. Hay cosas que ocurren y no sabemos el porqué; y nos hemos vuelto especialistas en darle sentido al sinsentido; Sin embargo, a veces, solo basta creer y amar.

Cuando nos enfocamos en lo evidente, perdemos de vista lo importante

En días en los que las redes sociales empoderan a cientos de personas para expresar opiniones, desacuerdos, reflexiones, juicios y hasta chismes; al parecer dicho empoderamiento trasciende de lo virtual a lo real. Hace unos años también era así, sólo que solapadamente. Hoy es mucho más abierto.

Y a este fenómeno, lamentablemente no escapan personas que frecuentan iglesias o desarrollan activamente su fe. La condena a aquellos que no creen, piensan o viven como nosotros, ha creado una verdadera batalla campal que deja a lo largo del camino consecuencias irreversibles.

Desde una especie de superioridad moral, se juzga a quienes pecan (en última instancia diferente a nosotros), o a quienes tienen comportamientos que consideramos inmorales, e incluso, delictivos.

Todo esto porque es más fácil encargarse de lo evidente, en vez de lo que lo causa. Así, nuestra condena tiende a desear un castigo como pago al mal que las personas hacen, bien sea contra Dios, la comunidad u otro ser humano.

Por ejemplo, es común encontrar a un par de *guardianes de la santidad* en la iglesia, hablando mal de la chica que usa una vestimenta que no sea la que llene sus expectativas de *decoro y decencia*. Palabras condenatorias vienen y van, adjetivos de toda clase, ¡Todo un escenario de matoneo cristiano!

Sin embargo, si es que llegásemos a encontrar algo que reprochar a algún hermano, o incluso a algún incrédulo; deberíamos más bien, en vez de señalar lo evidente, tratar de indagar los porqués.

Si lo hiciéramos, seríamos más compasivos, más amorosos, restauradores, y nos convertiríamos en los brazos que cobijan a quienes necesitan una muestra de cariño. Tal vez si indagáramos más a través de una cálida conversación con esta chica, encontraríamos algún faltante en su vida; a lo mejor se trata de una manera de expresarse, de pedir ayuda, de gritar por amor, o sencillamente veríamos en ello una vía en el proceso de desarrollo natural de su personalidad.

Con esta información (y para seguir con el ejemplo), tendríamos herramientas para guiarle en su proceso de vida, acompañarle, sanarle o amarle, según sea el caso. Pero no, al quedarnos criticando sobre lo evidente, nos perdemos el fondo, lo importante.

Hace algunos escuché una acertada crítica a la iglesia de nuestros tiempos con respecto a temas como el aborto. Porque cuando *adjetivizamos* a una mujer que ha abortado, llamándola asesina, lo que estamos haciendo es añadir más dolor al dolor.

Nos quedamos con su *pecado, o su crimen*; pero no nos detenemos a indagar sobre qué la llevó a hacer aquello que hizo. No nos enteramos de su infancia, sus posibles faltantes relacionales, sus temores, incertidumbres, su culpa, su pena, o incluso su pobreza. Es fácil decir o pensar cosas como *"la calentura la llevó a pecar y luego a abortar, ¡Asesina!"*; sin embargo, no nos detenemos a comprender que muchísimas jovencitas que terminan en brazos de hombres que incluso llegan a aprovecharse de ellas sexualmente, no tienen tampoco acceso a un preservativo o a educación sexual por sus condiciones económicas. De hecho, debería ser motivo de vergüenza y auto reflexión para la misma iglesia, el hecho que una niña prefiera abortar, antes que abrir su corazón y llevar adelante un embarazo adverso en medio de nuestra propia comunidad.

Esto es tan profundo como macabro, pues al lado de las razones de una adolescente que escoge el camino de la interrupción de su embarazo, está justamente la comunidad *hipermoralizada* que está lista con el dedo señalador para acabar con su vida, en vez de rodearla de amor y acompañarla en su embarazo hasta que ella vea como una alternativa viable e ideal, dar a luz.

Con esto no defiendo el aborto, sino que pienso sobre las muchas veces en las que hemos preferido dejar claras nuestras reglas y lo drástico del castigo al inclumplirlas, que hemos olvidado que *el Día de Reposo fue hecho para el hombre y no el hombre para el Día de Reposo* (el que tenga oídos, que oiga).

De esta manera con decenas de pecados y delitos. Desde la seguridad de nuestras doctrinas pedimos pena de muerte a grandes criminales, pero no nos detenemos a pensar cómo estos llegaron hasta allí y cómo la iglesia puede aportar en procesos preventivos, más que correctivos.

Aquellos pecados ocultos que tenemos en la intimidad y que no son descubiertos por nadie, son los que levantan el dedo señalador sobre los demás, los evidentes; haciéndonos perder de lo importante, somos humanos que caminan en medio de otros humanos y que en nuestra condición, podemos encontrar el amor, la misericordia, la bondad y todo lo hermoso que Jesús vino a evidenciar de nosotros mismos para solidarizarnos con los demás, para desarrollar una actitud frente al mal.

Por eso se hace necesario que al lado del desarrollo teológico se inviertan recursos en el trabajo pastoral, dejaremos de ser adultos abusones, que critican a los niños que hacen matoneo en sus colegios. Entenderemos las palabras del Maestro de Galilea en el evangelio de Juan 7:24 y nuestro juicio será restaurador en amor, usándolo para bien y no para mal.

El juicio y la denuncia como herramienta de resistencia frente al mal

Y para intentar encontrar un equilibrio con respecto al juzgar, debemos saber que la Escritura tiene interesantes posiciones al respecto. El Apóstol Pablo en su primera carta a los Corintios en el capítulo 3, da una luz; pues él considera que quienes están envueltos en medio de contiendas y peleas *ministeriales* no hacen más que mostrar un grado de inmadurez espiritual.

Siguiendo esa linea, él mismo le recomienda a Timoteo en su segunda carta, en el capítulo 2, versos 25 y 26 que se mantenga al margen de discordias entre hermanos. No sólo en estos versículos, sino en otros de sus escritos también.

Jesús

El referente y *tamizador* de toda hermenéutica debe ser el Hijo de Dios, quien con su vida y discurso nos da luces sobre cómo debemos comportarnos ante situaciones como estas. No sólo por su ejemplo, sino porque a través de su vivir, podemos descubrir el carácter del Padre.

Desde este fundamento, se hace interesante que el Maestro de Galilea se pronunció al respecto en claras direcciones divergentes.

El juicio al hermano

Tanto en el evangelio de Lucas (Capítulo 6), como en el de Mateo (Capítulo 7); Jesús está hablando sobre el juicio hacia el hermano, hacia el par. En resumen, el maestro *dice "No juzguéis, y no seréis juzgados; no condenéis, y no seréis condenados; perdonad, y seréis perdonados".*

Uno de los errores que comúnmente cometemos al momento de juzgar, es el objeto de este. Claramente no deberían estar orientados nuestros juicios hacia el hermano, pues en caso que quisiéramos hacerlo, sería imperativo revisar primero la vida propia. Y de un examen así, ¡nadie sale bien librado!

Nuestra actitud, más de juicio, debería ser de enseñanza en amor, de diálogo, de compañerismo, de comprender que hay pluralidad de pensamientos y debemos respetarlos. Esto no quiere decir que estemos necesariamente de acuerdo, pero si los entendemos; estaremos cumpliendo con el amor cristiano.

El juicio al pecador

Basta ver la actitud del carpintero nazareno para darse cuenta cuál era su comportamiento y discurso frente al pecador. Permítame citar por favor un par, o tal vez tres ejemplos al respecto.

Jesús y la mujer pecadora. Juan 8 nos muestra un relato maravilloso, en el que el maestro recibe noticias de una mujer que estaba violando la Ley al cometer adulterio. Se había ganado el adjetivo de "pecadora". Pero se encuentra con ella y no solo no la condena, sino que a través de su comportamiento la ama, no la juzga y la invita a que no peque más. Me llama la atención el orden; primero no la condena, luego la libra de sus verdugos, para al final, darle libertad sobre su pecado.

Jesús y el cobrador de impuestos. El evangelio de Lucas nos cuenta una historia maravillosa en su capítulo 19; se trata de uno de los hombres más odiados por los judíos, un cobrador de impuestos. Se había también ganado el título de "pecador" por la injusticia de sus actos y avaricia. Jesús no sólo sostiene una conversación con él, sino que además; ¡Cena en su mesa! Un mensaje bastante directo que molestó a algunos religiosos, pero que trajo arrepentimiento y cambio en la vida del publicano.

Jesús y la otra mujer pecadora. En el Evangelio de Juan, capítulo 4, está el relato de alguien que era menos que basura para los judíos; pues además de ser mujer, era samaritana y encima, tenía muchos maridos.

Allí el carpintero no sólo entabla una conversación con ella, sino que le revela el secreto más preciado: El asunto sobre la adoración a Dios.

Y como estos, hay muchos más; el tocar a los leprosos, cenar con ellos, el visitar a pueblos extranjeros y obrar milagrosamente en medio de ellos, sus discursos como la parábola del buen samaritano, el sermón del monte, etc. Jesús encontró y enseñó que el amor es la mejor vía de transformación para el pecado.

El juicio a líderes religiosos

En el evangelio de Juan, capítulo 7 y versículo 24 encontramos una de las frases más fascinantes pronunciadas por el Maestro; "No juzguéis según las apariencias, sino juzgad con justo juicio". Y lo es por el contexto en el que la pronuncia. Él mismo había sido objeto de juicio por haber sanado en día de reposo, por su discurso, por su vida.

Lo interesante de este texto es que Jesús no sólo responde a los señalamientos en su contra, sino que invita a que se juzgue, pero no según las apariencias, sino con juicio justo.

Es una sana práctica juzgar todo lo que se nos enseña, lo que aprendemos, e incluso el comportamiento de los líderes y pastores; para así poder "retener lo bueno y desechar lo malo" 1 Tes 5:21. "Acordaos de vuestros pastores, que os hablaron la palabra de Dios; considerad cuál haya sido el resultado de su conducta, e imitad su fe" Hebreos 13:7 (énfasis del autor del presente documento).

El juicio a líderes religiosos que atentan contra el Evangelio, abusando del poder o enriqueciéndose con la enseñanza.

Una de las facetas más fuertes de Jesús la encontramos en su comportamiento y discurso de Mateo 23. Desde este texto, el Maestro galileo hace una magistral defensa del desprotegido, el abusado, el oprimido. No bastaría con un estudio exegético profundo de varias decenas de páginas para entender cabalmente la riqueza de este pasaje.

En esta oportunidad quiero detenerme en algunos aspectos someramente.

> *"Así que, todo lo que os digan que guardéis, guardadlo y hacedlo; mas no hagáis conforme a sus obras, porque dicen, y no hacen. Porque atan cargas pesadas y difíciles de llevar, y las ponen sobre los hombros de los hombres; pero ellos ni con un dedo quieren moverlas"* Mateo 23: 3-4

Líderes supra moralistas, que ponen cargas comportamentales tan pesadas sobre las espaldas de sus seguidores, las cuales ellos mismos no pueden cargar. Son una especie de 'ejemplos a seguir' pero que nada de lo que dicen, verdaderamente lo hacen en la intimidad de sus vidas.

Desde los púlpitos son grandes intercesores, ayunan 40 días, no tienen un solo mal deseo, no aman al mundo, etc; pero en verdad son tan pecadores y más, que su audiencia. Aquí Jesús los denuncia e invita a no imitarlos.

> *"¡Ay de vosotros, escribas y fariseos, hipócritas! porque devoráis las casas de las viudas, y como pretexto hacéis largas oraciones; por esto recibiréis mayor condenación"* Mateo 23:14

Aquellos líderes que se lucran de la necesidad de los más pobres y desamparados. Tuercen las Escrituras para pedir dinero, para enriquecerse. Tienen doble condenación; son capaces de vender lo que sea, desde la Biblia, con tal de sacar provecho de su negocio.

"¡Ay de vosotros, escribas y fariseos, hipócritas! porque recorréis mar y tierra para hacer un prosélito, y una vez hecho, le hacéis dos veces más hijo del infierno que vosotros" Mateo 23:15

Se hacen discípulos de sí mismos y los corrompen tanto, que los convierten en peores personas de lo que ellos mismos son, replicando sus comportamientos bajos y pasiones de este mundo.

Como vimos hace unas líneas atrás; no pretendo hacer una exégesis completa y amplia del texto citado, solo enunciar algunos aspectos destacados del mismo. Invito al lector para que pueda estudiarlo profundamente.

Así que la actitud frente al juicio es plural de acuerdo a la situación; Sin embargo, Jesús denunció a los opresores y perdonó, amando a los oprimidos. En la iglesia actual es al revés, se protege al líder religioso opresor y se juzga inmisericordemente, tanto al hermano, como a quien necesita de Dios.

La oración como herramienta para hacer frente al mal

Muchas líneas se han dedicado para hablar de la oración. Casi que cada disidencia del cristianismo tiene una postura diferente sobre el poder de esta o su aplicabilidad. Incluso, muchos debates se suscitan en diferentes medios, llegando a desembocar en acaloradas discusiones sobre la pertinencia de orar de una u otra manera de acuerdo al mandato bíblico.

En Latinoamérica, la gran mayoría de creyentes cristianos no católicos, se concentran en iglesias de corte pentecostal, neo pentecostal y carismáticos. En dichos lugares, es común encontrar la creencia que la oración es una herramienta para lograr *que Dios actúe a favor de quien eleva una plegaria*, y así, él interviene aliviando las necesidades por las cuales se ora.

Incluso, un grupo más reducido de adeptos a estos movimientos, sostiene que haciendo ciertas declaraciones y decretos proféticos, *arrebatarán a Satanás los derechos legales sobre situaciones particulares de los hijos de Dios*; de esta manera, las bendiciones serán liberadas y los creyentes las recibirán, sin importar de qué naturaleza sean estas, desde sanidades, supresión de pobreza o dificultad económica, sabiduría, entre muchas otras; tan variadas como personas hay en sus congregaciones.

Así mismo, es frecuente ver que algunos entusiastas predicadores le ordenan a Dios que *cambie sus situaciones desfavorables o las de sus adeptos*, a través de la oración pública en diferentes escenarios eclesiásticos. Según sus palabras, *al que cree todo le es posible*; desde encontrar un nuevo trabajo a quien lo pide, hasta ayudar a un equipo de fútbol a coronarse campeón de una competencia.

Este tipo de expresiones religiosas son altamente criticadas por grupos ateos y agnósticos, quienes en son de burla lanzan preguntas retóricas al aire para desvirtuar el poder de la oración, incluso, la omnipotencia de un Dios, quien, de acuerdo a su razonamiento, al azar permite el hambre de cristianos en lugares recónditos del mundo, mientras ayuda al equipo de natación de una escuela secundaria en Estados

Unidos a coronarse campeón de una copa estudiantil.

Ver futbolistas cristianos que dan gloria a Dios por sus triunfos deportivos gracias a su fe y devoción, se ha vuelto muy popular en redes sociales y escenarios públicos, pero siempre las preguntas alrededor de eso se apropian de personas que se cuestionan sobre qué métodos utiliza Dios para bendecir a un atleta cristiano para ser reconocido y fichado por un equipo europeo, pero a otro, también cristiano e igual de devoto, no.

Por supuesto que respuestas siempre hay. Desde la posible *falta de fe* del menos favorecido, hasta el seguro pecado oculto que no le permite avanzar a un nuevo nivel. Sin embargo, lo seguro es que siempre hay oraciones que tienen respuesta afirmativa, como otras que no la tienen.

Al otro lado del espectro, se encuentran la mayoría de iglesias protestantes históricas, quienes no ven en la oración *una oportunidad para mover la mano de Dios a mi favor*, sino para, a través de ella, comprender y aceptar su voluntad.

Así, un Dios soberano, quien actúa de maneras que aunque no son comprensibles, siempre busca el bien para sus hijos, sea a través de la bendición o la prueba; permite las cosas o las provoca, y de esta manera, los seres humanos debemos aceptar esa providencia, pues misteriosos son los caminos del Señor.

Textos bíblicos en contexto o fuera de él han servido de soporte para una y otra postura. Desde la oración de los profetas veterotestamentarios pidiendo fuego del cielo en contra de otros profetas falsos, hasta la oración de Jesús en el Getsemaní pidiendo al Padre que no se hiciera la voluntad del Hijo, sino la suya.

Sin embargo, muchas de las oraciones nacen como un grito de angustia desde el alma, de los momentos de mayor necesidad, e incluso tristeza. Desde aquella posición en la que nos ha dejado el mal. Ese mal que se expresó en una enfermedad, en falencias económicas, en medio de la rebeldía de un hijo o su evidente consumo de drogas, a través del desamor o la infidelidad, en los descontentos de la vida, etc. El mal.

Así que como hemos visto antes, Dios bien puede hacer milagros, y muchos dan testimonio de estos, pero cuando no, cuando la oración no cambia la circunstancia, es posible que su objeto no sea ese, sino cambiarnos a nosotros mismos. A ser más como Jesús.

Es muy difícil asumir una actitud compasiva en medio de un mundo malvado e indiferente, pero quizás esa sea la verdadera oración. Que nosotros seamos oración. Que la iglesia de Cristo, asumiendo con responsabilidad la metáfora que el Apóstol Pablo le adjudicó, sea cuerpo.

Un cuerpo con brazos para abrazar, manos para ayudar, hombros para consolar, corazón para amar y pies para ir a servir. Y nos convirtamos en esa oración al Padre que no solamente pide a Dios, sino que se arremanga para hacer su voluntad.

Una comunitaria, que invoca el reino de los cielos, que perdona las ofensas, que construye una familia para soportar toda tentación, para hacer afrenta al mal.

Esa oración que no pide alimentos para el hambriento, sino que da alimento, esa que no requiere por sanidad del enfermo, sino que visita y sana el alma, acompaña al cuerpo y llora con quien sufre. Orar en el nombre de Jesús es vivir como él y hacer lo que él hizo. La oración que nos cambia, y cambia las circunstancias.

Mientras tanto, mientras estamos aquí y somos humanos, deberíamos aprender a ser más compasivos con quienes desde su dolor elevan una oración. A veces hace falta quitarnos nuestra sabiduría teológica y entender que aunque muchos no crean en milagros, en medio de la desesperación, uno sea la única solución. A lo mejor Dios sí lo produzca. Tal vez no, pero en medio de las circunstancias adversas, la sola esperanza y contemplación sean todo el milagro que alguien precisa. Nosotros podemos ser el milagro para alguien.

---
[29] Características Antropomórficas: Con formas humanas, concebido como un ser, que al igual que el humano, cuenta con voluntad propia
[30] Escatología: Que tiene que ver con eventos futuros del fin del mundo, visiones proféticas apocalípticas
[31] Hardin, Michael. *La vida impulsada por Jesús*. USA: JDL Press. Impreso. 2010.

CAPÍTULO 5

Sobre el más allá

¿Es la salvación de Jesús el Pago de una deuda? ¿Existe el infierno y cuál es su objetivo? ¿Es el cielo un lugar de calles de oro y mar de cristal? ¿Si no perdono no seré perdonado y mereceré la muerte eterna?

La respuesta a todas estas preguntas se ha brindado en múltiples escenarios, por eso no podríamos hablar de respuesta, sino de respuestas. En resumen, no hay un acuerdo al respecto, sino todo lo contrario.

Ahora, uno de los elementos que debemos considerar al momento de acercarnos a cada uno de estos asuntos, es el de la imagen de Dios. ¿Qué quiero decir con esto?

¡Claro que Dios pudo haber creado un infierno eterno! Pero, ¿Qué clase de Dios lo haría? ¡Claro que Dios pudo estar tan sediento de sangre, que sólo la de su hijo lo podía satisfacer! Pero, ¿Qué clase de padre tendría esas características? ¡Claro que Dios podría dejar a sus hijos a sufrimientos en la tierra con tal de caminar calles de oro en el cielo! Pero, ¿Quién actuaría de esa manera?

Por eso, es que las imágenes que Jesús nos sugiere del Padre, nos pueden dar una luz que ilumine un poco estos asuntos tan difíciles y que durante siglos han dividido a los cristianos que se atreven a pensar en ellos.

Sustitución Penal: ¿Cómo es eso que Dios ordena hacer holocaustos y luego dice que nunca los quiso?

El asunto de los sacrificios toma amplias líneas del Antiguo y sus posteriores aplicaciones y teologías en el Nuevo Testamento. Sin embargo, una lectura detenida desde el contexto completo de la Biblia, considerando a Jesús como ficha hermenéutica, pareciera develar cierta crítica hacia los mismos. En primer lugar, tenemos el texto en la ley de Moisés en donde se ordenan los holocaustos. Este lo encontramos en Levítico 1:1-13:

> *El Señor llamó a Moisés y le habló desde la tienda de reunión, diciendo: Habla a los hijos de Israel y diles: Cuando alguno de vosotros traiga una ofrenda al Señor, traeréis vuestra ofrenda de animales del ganado o del rebaño. Si su ofrenda es un holocausto del ganado, ofrecerá un macho sin defecto; lo ofrecerá a la entrada de la tienda de reunión, para que sea aceptado delante del Señor.*
>
> *Pondrá su mano sobre la cabeza del holocausto, y le*

será aceptado para hacer expiación por él.

Entonces degollará el novillo delante del Señor; y los sacerdotes hijos de Aarón ofrecerán la sangre y la rociarán por todos los lados sobre el altar que está a la entrada de la tienda de reunión. Después desollará el holocausto y lo cortará en pedazos. Y los hijos del sacerdote Aarón pondrán fuego en el altar, y colocarán leña sobre el fuego. Luego los sacerdotes hijos de Aarón arreglarán las piezas, la cabeza y el sebo sobre la leña que está en el fuego sobre el altar. Pero las entrañas y las patas las lavará él con agua. Y el sacerdote lo quemará todo sobre el altar como holocausto; es ofrenda encendida de aroma agradable para el Señor.

Mas si su ofrenda para holocausto es del rebaño, de los corderos o de las cabras, ofrecerá un macho sin defecto. Y lo degollará al lado norte del altar, delante del Señor; y los sacerdotes hijos de Aarón rociarán la sangre sobre el altar, por todos los lados. Después lo dividirá en sus piezas, con su cabeza y el sebo, y el sacerdote los colocará sobre la leña que está en el fuego sobre el altar. Pero las entrañas y las patas las lavará con agua, y el sacerdote lo ofrecerá todo, quemándolo sobre el altar; es holocausto, una ofrenda encendida de aroma agradable para el Señor.

Sin embargo, hay por lo menos dos ejemplos en los que **los hombres** (profetas, escritores bíblicos) manifiestan que **Dios no quiere** Holocaustos.

1ro) *"Y Samuel dijo: ¿Se complace Jehová tanto en los holocaustos y víctimas, como en que se obedezca a las palabras de Jehová? Ciertamente el obedecer es mejor que los sacrificios, y el prestar atención que la grosura de los carneros". 1 Samuel 15:22*

2do) *"Porque no quieres sacrificio, que yo lo daría; no quieres holocausto. Los sacrificios de Dios son el espíritu quebrantado; al corazón contrito y humillado no despreciarás tú, oh Dios. Haz bien con tu benevolencia a Sion; edifica los muros de Jerusalén". Salmos 51:16-18*

Pero hay algo más, en el siguiente texto, **es Dios mismo**, diciendo por medio del profeta que **Él nunca había ordenado sacrificios**.

"Porque no hablé yo con vuestros padres, ni nada les mandé acerca de holocaustos y de víctimas el día que los saqué de la tierra de Egipto. Pero esto les mandé, diciendo: Escuchad mi voz, y yo seré vuestro Dios y vosotros seréis mi pueblo; y andad en todo camino que os mande, para que os vaya bien". Jeremías 7:22-23

La respuesta a estas aparentes contradicciones se encuentra en la naturaleza de la Biblia, la cual ya hemos abordado. Recordemos que las Escrituras son textos escritos por hombres que describen su entendimiento de Dios (teología), en sus épocas y en sus contextos sociales.

Es por eso que la línea trasversal de este libro, nos lleva a asumir que debemos reconocer la importancia de acercarnos a los textos desde la crítica textual y la Alta Crítica. Pero una nota al margen de mucha importancia es que una de las razones por las que la mayoría de teologías validan la doctrina de la expiación vicaria de Cristo, es porque, según ellos, Dios mismo ordena los holocaustos como prácticas inamovibles de redención y perdón. De esa manera, se valida el sacrificio de Jesús como el "Cordero del Sacrificio". Sin embargo, estos textos nos deberían hacer pensar en ello.

Por supuesto que dejar el tema hasta aquí sería un arma de doble filo, pues no sería fácilmente aceptado para una gran parte de la cristiandad que a pesar de estar consignado en el texto Bíblico el asunto de los sacrificios, este comportamiento deba ser leído con los ojos de Jesús, tomándolo a él como ficha hermenéutica primaria.

Pero la cereza del pastel está, entre otros lugares, en esta teología que se construye en el Nuevo Testamento.

> *"Diciendo primero: Sacrificio y ofrenda y holocaustos y expiaciones por el pecado no quisiste, ni te agradaron (las cuales cosas se ofrecen según la ley), y diciendo luego: He aquí que vengo, oh Dios, para hacer tu voluntad; quita lo primero, para establecer esto último. En esa voluntad somos santificados mediante la ofrenda del cuerpo de Jesucristo hecha una vez para siempre".* Hebreos 10:8-10

Es muy interesante que desde esta comparación de textos, la conclusión, aunque absolutamente irreverente, pueda ser también obvia e innegablemente posible: El sacrificio de Jesús no habría sido su muerte, sino su vida como ser humano. Pues si Dios no se agradaba en holocaustos de animales, ¿Por qué se agradaría en la de su propio y amado Hijo?

Claro, Jesús mismo dijo que él *daba su vida para volver a recibirla y que nadie se la arrebataba, sino que él mismo la entregaba, obedeciendo el mandato del Padre (Jn. 10:17-18).* Según esta declaración, se podría llegar a pensar que la muerte del Hijo de Dios en efecto obedece a una deuda que se deba pagar y no a un asesinato.

Al respecto, el teólogo puertorriqueño Julio Álvarez reflexiona, *"las palabras que Él dijo (Jesús), fueron igualmente dichas por otros proceres y martires, exceptuando la promesa de su resurreccion. Quien se dispone a ser asesinado como resultado de llevar un mensaje subversivo al orden social, politico y/o religioso imperante, puede declarar con total asertividad: 'Yo estoy dando mi vida, o yo mismo estoy entregando mi vida; en realidad nadie me la quita en contra de lo que estoy dispuesto a asumir'"*. (Sic) (2016).

Y es que si se acepta la doctrina de la Sustitución Penal, el problema no es la deuda en sí, o el pago de la misma; sino la imagen que se construye de Dios alrededor de esto. Por eso habría que preguntar, ¿A quién le tuvo que pagar Jesús dicha deuda, a Satanás o al hombre? En cualquiera de los dos casos, encontraríamos un claro caso de subordinación.

Pero si la respuesta es que no, que la deuda no se pagó a estos últimos, sino a Dios mismo, el escenario sería mucho más escalofriante. Un Padre que airado y sediento de sangre, no satisface esa sed con cientos de miles de sacrificios de animales, ni en la sangre de millones de personas muertas como consecuencia del pecado, sino que él pudo tener sólo en la de su propio Hijo, el descanso que precisaba. Jesús nos salvó de Dios.

Para ilustrar un poco esta posibilidad, quiero tomar prestada una teoficción [32] del psicólogo y observador teológico mexicano Paco Larios, quien a través de sus lineas aborda el escenario de una manera bastante interesante.

La parábola del padre amoroso

1 He aquí que el padre amoroso tenía dos hijos. El primero era misericordioso y justo en todos sus caminos, tenía un corazón semejante al suyo. 2 El segundo hijo se había extraviado en su maldad y en sus malos caminos. Y las evidentes malas obras y los vergonzosos hechos de su segundo hijo le hacían arder en ira. 3 Y la ira del padre amoroso lo consumía; y por mucho tiempo pensó en darle a su mal hijo el castigo que merecía.

4 Pero el padre amoroso sufría grandemente; porque el inmenso amor que sentía por su segundo hijo sólo era comparable a la gran ira que le producía su maldad y a su necesidad de castigarla.

5 Y el primer hijo miraba contristado la angustia del padre amoroso, por lo que cierto día le dijo: castígame a mi, padre, que no sufra mi hermano y tú no desfallezcas a causa de tu amor y tu justicia.

6 El padre amoroso convino.

Entrada la mañana del día siguiente tomó a su primer hijo y lo llevó a la plaza pública.

7 Y al llegar clamó a gran voz diciendo: que nadie me detenga en lo que haré, porque es necesario que sea hecho.

8 Desnudó a su hijo y comenzó a volcar sobre él todo el castigo y la ira que había apartado para su segundo hijo. 9 Tal era el amor del padre amoroso por su segundo hijo que golpeó, humilló, insultó, despreció, maldijo, azotó e hirió a su primer hijo hasta quebrantarlo para evitarle tal castigo al segundo. 10 Y el padre amoroso no se detuvo hasta que vació toda su ira y todo su castigo sobre él, desfigurando su rostro y moliendo su cuerpo, desde la mañana hasta la tarde. 11 Cuando el padre amoroso terminó, ante el asombro de todos, ató a su primer hijo a un poste. 12 Al verle padeciendo y a punto de morir, el padre amoroso sintió desagrado y asco por su primer hijo y le dio la espalda. 13 Con su último aliento el primer hijo le dijo al padre amoroso: no me dejes. Pero el padre le dio la espalda y se fue a casa.

14 Pasadas unas horas el primer hijo murió.

Pero cuando el padre llegó a casa encontró al segundo hijo y le abrazó y le besó la frente y le llamó hijo amado. 15 Porque ya no había ira en su corazón.

16 Pero el segundo hijo, viendo lo que el padre había hecho al primero, tuvo miedo. 17 Y aunque su padre prometió jamás hacerle algo semejante, nunca más volvió a tentar a ira a su padre amoroso. (2017)

Desde esta perspectiva, una imagen del Padre airado y sediento de sangre, ha inspirado teologías basadas en el miedo (aunque se hayan escondido en el eufemismo "temor", explicando este mismo como respeto o reverencia) y como consecuencia, ha creado liturgias y maneras de relacionarse con Dios de una manera que genera el interrogante, ¿este es verdaderamente el deseo del Dios de Jesús?

Ahora, una lectura rápida de la teoficción anteriormente presentada, evidenciaría que en esta se ha dejado fuera el componente de la respuesta del padre amoroso ante la muerte de su hijo bueno, la resurrección. Sin embargo, no deja de ser una conclusión desde la paradoja, pues es justamente esta (la del padre) una respuesta de vida, no de muerte.

Por supuesto que en este punto no podemos ignorar las referencias de Pablo directamente a la expiación vicaria de Cristo y el poder de la sangre en su muerte. Y toma relevancia este hecho, justamente porque para nadie es un secreto que este apóstol no caminó con Jesús, sino que su imagen de Jesús se construyó desde dos elementos determinantes, la Teofanía y en un espacio de tiempo post mortem y resurrección.

Uno de los retos más grandes que debe enfrentar la lectura bíblica hoy en sectores cristianos, es que aunque sus declaraciones doctrinales establezcan que Jesús es el único camino al Padre y en él tenemos su imagen más pura, en la práctica se han dado más peso a las palabras de Pablo o de los profetas, incluso que a las del mismo Hijo de Dios. ¡Y no hablar de sus comportamientos!

Pero hay que agregar más ingredientes a este tipo de acercamientos teológicos y hermenéuticos. Uno de los más importantes, es que, según palabras del teólogo chileno, Ulises Oyarzún, las cartas de Pablo fueron tempranas, pero los Evangelios tardíos. De alguna manera, estos últimos son reaccionarios a lo que estaba ocurriendo con el mensaje del apóstol.

Tal vez para muchos, estos hechos no signifiquen nada, pero en última instancia, la imagen que tengamos del Padre determinará la manera como nos relacionamos con él y con los demás. Jesús nos quiere salvar de una mala imagen que podamos haber construido de Dios.

Y es que de ser cierto que en realidad la muerte de Jesús no fue el pago de una deuda, sino que obedeció a un asesinato que buscaba callar su voz y mensaje, del cual podemos tener la revelación del Padre, este escenario debería llevarnos al arrepentimiento, pues según la tesis del teólogo Rene Girard, hemos sido nosotros quienes hemos encontrado en Dios el chivo expiatorio perfecto, pues hemos proyectado nuestra propia maldad y falta de misericordia en la imagen que nos construimos de él.

El plan no era venir a morir, sino a vivir y que a través de su vida nosotros tuviéramos redención, porque así como el Hijo en obediencia al Padre se despojó de su naturaleza divina y se hizo como uno de nosotros, se identificó con nuestras luchas, nuestras realidades y nuestras propias limitaciones [33]. Pero él fue asesinado y el suyo, un crimen político.

Ni al imperio, ni a los líderes religiosos, ni al sistema opresor le convenía que este profeta los expusiera de esa manera, los ridiculizara y los denunciara, quitándoles poder. Esto tiene que ver directamente con dos textos bíblicos. El primero, la posición de Jesús contra la ley del talión en el sermón del monte y la segunda, la declaración paulina del triunfo de Jesús en la cruz sobre los principados y las potestades, habiéndolas expuesto con su muerte, el cual ha sido leído desde el helenismo.

Jesús no solamente defendió la justicia restaurativa sobre la retributiva con su discurso, sino que con su muerte, ratificó que tenía razón, que el ojo por ojo y diente por diente es supremamente imperfecto y que la única manera de acabar con los círculos de violencia, es la no violencia, no la respuesta violenta. Perdón el trabalenguas.

La justicia retributiva dice que si hemos cometido un delito, debemos pagarlo. El que a yerro mata, a yerro muere. Si asesinamos, debemos ser asesinados, si robamos, debemos recibir como castigo la amputación del brazo o una condena ejemplar. Este tipo de acciones lo que hacen es perpetuar los círculos de violencia.

Jesús con su muerte, como lo explica Derek Flood, expuso a los principados y a las potestades triunfando sobre ellos en la cruz, no en un sentido místico, sino habiendo sido sentenciado por la justicia retributiva, siendo él inocente [33]. Es como si él les hubiera dicho a todos aquellos que sostenían aquel sistema de juicio: *Ustedes creen que su sistema es perfecto y el que deben aplicar, pero miren, están matando con él a un inocente, al Hijo de Dios.* Los ridiculizó, los avergonzó y además, dejó el precedente para que nunca más ocurra, pero sigue ocurriendo porque seguimos argumentando a favor de tal modelo de justicia.

Cielo

Los judíos en tiempos de Jesús, e incluso antes, no entendían la salvación en términos del "más allá", para ellos toda la salvación se expresaba y manifestaba en sus males inmanentes. La literatura judeocristiana está llena de esto. Desde una mujer que sufre porque es estéril, hasta un pueblo que necesita ser libre de la esclavitud. Desde una viuda que no tiene qué comer, hasta una ciudad que ha sido tomada y necesita ser reconstruida.

Incluso, mientras el Maestro de Galilea caminaba por las polvorientas calles de la Palestina del Siglo I, su audiencia esperaba, como ya era costumbre, que este Rey los salvara del yugo de Roma a través de la espada, la cual era la manera como debía hacerse, pero no la propuesta de Jesús.

En ese sentido, resulta maravillosamente atractivo que en su discurso vez tras vez se hiciera hincapié en la idea del Reino de los Cielos que se acerca, que viene. El cielo en la tierra.

Aunque esta idea ha sido adoptada por el evangelio de la prosperidad para vender su teología, tal hecho no debería distanciarnos de la real posibilidad redentora que nos resucite de la muerte a vida en abundancia, aquí y ahora.

En el contexto del carpintero galileo, era muy común la frase "andar muerto en vida", por las condiciones precarias en las que se encontraba el pueblo. La expectativa de vida no pasaba los 40 años, la pobreza tenía sumida a la población en una tristeza indescriptible, muchos habían sido arrojados a la mendicidad o a la esclavitud para no dejarse morir de hambre. El mensaje de Jesús era esperanzador por cuanto brindaba herramientas de solidaridad comunitaria que trajera salvación en medio de estas realidades.

La vida eterna es hacer la voluntad del Padre, decía el Maestro del camino, mientras estiraba su mano para sanar y consolar. Es interesante que las acciones de Jesús siempre estuvieron orientadas hacia el trabajo y la ayuda social, hacia el pobre, el enfermo, el rechazado, el impuro y el pecador. El cielo es vivir la vida de Dios en la tierra.

En cuanto a la vida después de la muerte, no es algo que podamos o debamos rechazar del todo. La premisa es que nadie ha ido hasta allá y vuelto, pues aunque existen muchos testimonios de hermanos pentecostales que afirman haberlo hecho, habiendo visitado el cielo y el infierno; sus relatos no gozan de alguna posible verificación científica, empírica, e incluso teológicas.

Sin embargo, hay disponible literatura que presenta algunas observaciones científicas con respecto al momento de morir. Una de las más destacadas, liderada por la doctora Elisabeth Kübler-Ross, quien en sus obras *La muerte sobre los Moribundos* y *La muerte, Un amanecer*, revela algunas investigaciones realizadas en los cerebros de quienes mueren justo antes y después de darse el deceso. Incluso, algunos de ellos, quienes han vuelto a la vida y cuentan sus experiencias, habiendo sido observada su actividad cerebral durante el momento de su muerte.

Esta neurocientífica revela que muchos de estos pacientes experimentaron una sensación de paz, bienestar, realizaron actividades como caminatas o encuentros con seres desconocidos que les inspiraban tranquilidad y descanso.

No son los únicos casos que se conocen al respecto. Según algunos testimonios de personas que han experimentado la muerte por algunos minutos, y han sobrevivido, narran sus experiencias en esos momentos como un encuentro con Dios. Lo interesante de estos testimonios, es que de acuerdo a la creencia de cada uno, su experiencia estaba relacionada con su deidad. Los cristianos, con Cristo, los musulmanes con Alá, los judíos con El Eterno y los budistas con Buda.

Esto podría tener una explicación científica. Al igual que en los *dejavú*, el cerebro le juega una *mala pasada* al cuerpo, justo antes de la muerte, el cerebro logra procesar una información en una mínima fracción de tiempo, que le daría al individuo la posibilidad de experimentar esa sensación de bienestar, conectada a sus creencias, como una manera evolutiva de enfrentar la muerte, dándole la sensación atemporal de paz.

Pero como la Biblia no es un libro científico, este es un

campo completamente especulativo, al cual hay que acercarse por fe y no desde el conocimiento, porque al respecto no se sabe nada.

Fe vs Conocimiento

El pastor y profesor de teología colombiano Jeferson Rodríguez, quien, hablando del evangelio, usa una metáfora maravillosa. Él dijo *que este es como una puerta abierta, en donde lo único cierto, es la puerta; pero lo que hay detrás de ella sigue siendo incierto, hay que asomarse para ver de qué se trata.* Una de esas genialidades que todavía me rondan la cabeza.

¿A qué se habrá referido Rodríguez? No puedo dejar de pensar en la definición de fe que presenta la Biblia. Una explicación que usualmente recitamos, pero que lejos de entender, nos ha servido de muletilla para validar nuestras eiségesis. En Hebreos 11 se registra este intento de explicación, *"Es, pues, la fe la certeza de lo que se espera, la convicción de lo que no se ve".* Perdón la onomatopeya, pero, *¡Jajajajaja!*

¿No les parece gracioso que es la fe la certeza en lo incierto (lo que se espera), la convicción de lo que nadie sabe (no se ve)? ¡Paradójico! E irresponsable, por demás. Sin embargo, la Biblia, y, sobre todo, los discursos de Jesús, están llenos de estas paradojas. Pero tiene sentido, el único camino a Dios es la fe, esto significa lo incierto, lo desconocido, aquello que no es comprobable.

La fe no prueba nada, sólo confía, así como invita la palabra griega para fe, *Pistis*. Pues si lo prueba dejaría de ser fe y se convertiría en seguridad, ciencia, conocimiento. Vamos a ver si lo podemos desenredar un poco con una ilustración.

Si yo digo, *"Creo que va a llover"*, ¿estoy afirmando que va a llover? ¡No!, estoy simplemente basando mi afirmación en una suposición, la cual seguramente ha sido construida con algunos elementos empíricos o de observación, como el viento frio que sopla y puedo percibir en mi rostro, o las nubes espesas que veo acercándose desde el horizonte, o la época del año en la que usualmente llueve; pero aún con estos elementos, no puedo afirmar que va a llover, no puedo probarlo, simplemente creerlo. Así es la fe, así funciona con Dios y con el mundo descrito en la Biblia, *el del Espíritu*.

Si nos propusiéramos elevar estas ideas a un escenario científico, por ejemplo, es imposible probar que Dios existe, aunque haya indicios que nos ha brindado la misma ciencia, que nos permite pensar y creer (otra vez la palabreja) casi con seguridad (convicción de lo que no se ve) que así es. El día que se pruebe que Dios existe, ya no creeríamos por fe en Dios, sino que *sabríamos Dios* y entonces estaríamos negando la misma Escritura cuando dice que por fe creemos para salvación ¡Jaque mate apologistas!

Infierno

Este lugar de tormento eterno, que mantiene asustada a un montón de gente alrededor del mundo, ha sido materia de discusión filosófica y teológica durante siglos por diferentes posturas e ideologías. Que si es un lugar literal, que si es un estado de conciencia o que si se trata de un estado del alma, son algunos de los postulados que se esgrimen a diestra y siniestra.

Lo cierto es que en nuestro caso, hemos construido las imágenes que tenemos del infierno desde la obra literaria de Dante Alighieri, *La Divina Comedia*. En este texto, el autor dibuja los diferentes lugares infernales desde su óptica literalista enriquecida por diferentes escenarios que evocan las más oscuras pasiones de castigo y venganza.

Como veíamos hace unas líneas atrás, el problema que exista un infierno o no toca directamente las imágenes que tengamos de Dios. Porque el nivel de aberración macabra de un lugar así, desde la literalidad es inmenso.

Pero además, el infierno como lugar de tormento eterno tiene que pasar algunos retos éticos y morales, como por ejemplo que si la justicia que Jesús defiende en el Sermón del Monte es la restaurativa y no la retributiva, este lugar no va en línea con tal planteamiento.

Porque el infierno no ofrece la posibilidad de expiación, arrepentimiento o cambio. De manera que el castigo allí es el fin en sí mismo, lo cual va en contravía del carácter de Dios descrito en las Escrituras de misericordioso y tardo para la ira.

Cuando un padre corrige a su hijo busca que el pequeño no actúe más de una manera nociva contra sí mismo o contra los demás. El infierno eterno niega esa posibilidad, no da oportunidad de restauración, de lección aprendida, de compensación a las víctimas, nada. Es simplemente un caldo de cultivo para la venganza y la revancha, las cuales no restituyen en nada el daño ocasionado.

Así mismo, el infierno tiene la particularidad de erguirse

como una pena de muerte, pero a la ene potencia por delitos menores. Lo cual también habla muy mal de quien haya inventado tal sentencia y tal dinámica.

Si hiciéramos una consulta a las personas a nuestro alrededor, y preguntáramos a diferentes personas quiénes están de acuerdo con la pena capital en nuestros países, un porcentaje levantaría la mano. Muchas veces, este porcentaje es minoritario. De estas personas que están de acuerdo con la pena de muerte, la mayoría la respalda por delitos graves, como por ejemplo el asesinato, o violaciones en serie, incluso robos de cuantías inmensas y que afecten a muchas personas. Es decir, la pena de muerte por delitos graves.

Sin embargo, la religión nos dice que merecemos una pena de muerte (a la ene potencia, lo que en verdad es el infierno eterno) por delitos menores, como mentir, robar un esfero de la empresa, cometer un acto de adulterio, e incluso no traer el diezmo a la iglesia. Esto dibuja una imagen de Dios que dista mucho de ser misericordiosa, o como mínimo bondadosa. Es uno al que se le adjudica el adjetivo de justo, pero que al final raya en la psicopatía.

Y esta tesis no es un irrespeto a Dios, sino una crítica a esa imagen que algunos dibujaron de él y que defienden desde la premisa "la soberanía, la justicia o la ira", las cuales han construido desde una fe que al final se basa en simples hermenéuticas de textos bíblicos. Esto es muy grave. Al final, insisto, nadie ha ido allá y ha vuelto para poder basar estas ideas en el conocimiento científico.

No pocas veces me encuentro con cristianos, quienes desde una vereda burlona me critican diciendo que creo en un dios hippie, y que ese no es el bíblico. Pues bien, a mí sí que me gustaría que nos tomáramos en serio a la persona de Jesús descrita en los evangelios, y de quien hemos tenido varios acercamientos a través de este documento. Si ese Jesús es hippie, pues bueno, ¡A cultivar rosas entonces! Prefiero al amor que una imagen macabra de alguien que se regodea con el sufrimiento.

Posiblemente se podrá alegar que el problema es del pecado original y por ese pecado, merecemos el infierno. ¡Peor! Porque en tal caso estamos siendo juzgados y encontrados merecedores de pena de muerte (a la ene potencia), por delitos que nosotros mismos no hemos cometido, ¿Qué clase de ser se inventaría algo así? Otra vez, la imagen.

Por eso, y tras la ausencia de conocimiento real y comprobable al respecto, se han tejido muchas teorías al respecto. *Algo deberán pagar los malvados, quienes van en contra de la vida y no solo la amenazan, sino que atentan contra ella, como el caso de personajes como Hitler.*

Una de las más populares fuera de círculos religiosos cristianos es la que dice que al igual que el cielo viene a la tierra, los malvados viven su propio infierno también aquí, en vida. Puede que tengan riqueza, bienes, comodidades, etc; pero hace mucho tiempo la paz abandonó sus corazones, la felicidad no es su pan del día y la incertidumbre y angustia los preceden todos los días.

Otros prefieren pensar en términos *aniquilacionistas*. Que el infierno, al igual que el *gehena* al que Jesús hizo mención varias veces, exterminará a los malvados una vez y para siempre. Para quienes rechazan la vida, para quienes no quieren vivir una eternidad con Dios, si es que la hay, su exterminio inminente y de facto es el infierno, no un lugar de sufrimiento por siempre jamás.

El profesor en teología puertorriqueño Julio Álvarez Rivera, explica que la llama que no se acaba y el gehena, son expresiones en donde se quema algo, pero la literalidad de lo eterno en esos lugares no es viable, sino más bien es una figura literaria que indica que aunque el horno está siempre encendido, se van depositando cosas para quemar, que una vez se consumen, abren campo a otras nuevas, como era el caso del basurero a las afueras de la ciudad del que Jesús hace referencia.

Así, Álvarez propone que no es que la basura se queme siempre y no se consuma, sino que aunque el infierno, que es un lugar literal en los tiempos de Jesús, se mantiene encendido, pero va consumiendo la basura que se echa en él, para luego echar más y más. Sin embargo, como no sabemos, tenemos muchas posibilidades para pensar al respecto. La pregunta al final siempre es la misma, ¿Cuál es la imagen de Dios que se desprende de nuestra creencia o no del infierno?

¿Y si no hay cielo e infierno?

Aunque este documento no pretende exponer argumentos a favor o en contra de la existencia de un cielo o un infierno después de la muerte, quise preguntarles a algunos amigos qué creían que pasara en caso que no existieran tales lugares. He aquí sus interesantes respuestas.

Ulises Oyarzún / Teólogo · Escritor

En verdad no sé, pero cuando me vaya, si hay algo, les aviso (risas).

Creo que Cullman en su libro Cristo y el Tiempo desarrolla la idea del ya, pero todavía no. Los textos que hablan de una escatología realizada, no desestiman la realización del Reino de manera definitiva.

En la Biblia hay varias tejuelas que se superponen. La idea de un reino futuro es la esperanza motora de todos los textos. Aun cuando algunos desarrollan la idea de que ya ahora se está realizando, no niegan su realización plena en el futuro. Pero me parece que todos esos textos tampoco se preocupan por eso de que hay más allá; más bien intentan dar descripciones, pero con una intención pastoral, pues lo que les importa es cómo vivimos más acá. Son textos desde la inmanencia, los cuales tratan de describir la trascendencia, pero no para quedarse allá, sino para decir algo, proclamar algo más acá.

Pero de ahí, a la respuesta irrefutable de que hay vida más allá Por la Fe diríamos que la respuesta es Cristo, pero es una respuesta desde la Fe. Diríamos desde la Fe que es una convicción, pero en última instancia, es una esperanza.

Todo lo que sabemos del universo es tan insignificante, lo que hemos descubierto desde la física, la biología, la astrofísica, etc. Hemos llegado a cuestiones que nos hacen sentir cada vez más diminutos en el cosmos. De 3 dimensiones que pensábamos, ahora dicen que hay más de 20 imperceptibles al hombre; del universo se dice que un 70% y más, es energía oscura; que los planetas y todas las estrellas responden a menos de un 5% de lo que compone el universo (materia oscura). Eso abre muchos interrogantes.

Decir que morimos, bueno, muchos sostienen que en cierta manera no. Seguimos siendo parte de este todo. El tema de inflexión es la conciencia, ¿Perdura?, Posiblemente. Si hay más de 20 dimensiones, ¿Quién te dice que después de esto no hay otros planos que nos esperan? El budismo, si no me equivoco, enseña que el cielo es como un océano y nosotros al llegar ahí, somos una gota que se funde en él.

Quién sabe si esos la tenían clara, y morir significa zambullirse en algo más grande, y fundirnos en ello. Los griegos pensaban de sus dioses que eran eternos, por lo tanto, apáticos. Luego Platón y Aristóteles desarrollan la idea de la apatía de lo divino, el motor inmóvil, perfecto pero insensible. Quizás Homero tenía razón en algo, cuando Odisseo rechaza la inmortalidad y prefiere la mortalidad con Penélope; es porque si la inmortalidad nos hace apáticos, insensibles, si a través de ella lo humano no está ahí, pues mejor tener zapatos con fecha de vencimiento.

Alvin Góngora / Profesor de Teología

Si uno fuera a tomar la Biblia en conjunto para lidiar con la pregunta de si hay vida después de la muerte, la respuesta sería Si - No - Yo No Sé.

Sí, porque así, tomados en bloque, los judíos dicen que sí. No, porque algunos de entre ellos, el Qohelet en el Eclesiatés, no le para bolas a eso. Yo No Sé, porque la voz más autoritativa, la de Pablo, creyente él y todo, dice que a la postre eso es irrelevante frente a la tarea que uno debe hacer mientras vive. Esa es la voz que escucho en la trastienda de su "para mí el vivir es Cristo y el morir es ganancia". Parece ser que el asunto es más bien, si hay vida antes de la muerte.

A Pablo hay que hacerle preguntas cada vez que habla usando "con Cristo", "en Cristo". Él es de los que cree que va a ser testigo presencial de la Segunda Venida de Cristo.

Para empezar: "Usted, don Pablo, ¿Por qué le asigna a Jesús un título con fuerte acento político como 'Señor'?; ¿Por qué encuentra una sinonimia entre Señor y Cristo?" Ciertamente Pablo está ridiculizando los poderes de este mundo, pues son ellos los que hacen deseable la muerte y preferible un Olimpo incierto.

Ahora, este asunto podría abordarse desde la poesía, pues esta va un par de pasos adelante de la reflexión teórica, 1 km adelante de la postulación científica y varios años luz adelante de la aplicación técnica y la novedad tecnológica.

Yoe de Simone - Escritor

Casi no he pensado en el más allá, justamente porque venimos de una tradición que se centró tanto en eso, que nos olvidamos del aquí. Ahora, este tipo de preguntas lo llevan a uno al plano puramente especulativo, a mí me seduce la idea de la reconciliación de todas las cosas que aparece en el Nuevo Testamento o la restauración de todas las cosas. A mí me encantaría que no se termine todo y que este Dios en el cual creemos, pueda transformarnos, a toda la creación para que haya armonía y no sea solamente la idea del más acá una utopía.

Durante siglos se nos ha hablado de las calles de oro y otras tantas figuras más, que me lleva a pensar que esas definiciones tan exactas de algo que no deja de ser especulación, un deseo e incluso una mala interpretación de algunos textos, son solo lecturas que no pueden ser concluyentes. Por otro lado, hay un deseo profundo que todo esto se materialice en algo, y no puedo dejar de pensar en el universo, lo magnífico de este; algo debe haber en un más allá y no lo podemos descubrir porque actualmente estamos limitados por nuestro conocimiento y nuestra, quizás, evolución espiritual y no podemos definirlo.

César Soto / Pastor · Teólogo

Si las referencias bíblicas nos hablan del "más acá", ¿Qué habría después de la muerte? No sé (risas).

Aunque no me adhiero cien por ciento, me gusta pensar un poco en el Punto Omega que propone Teilhard de Chardin. Tal vez nos estamos "quemando las neuronas" demasiado pronto en lo que podría llegar o no a ocurrir, pero sí que es deseable que haya alguna trascendencia; de cierto modo, aquello de volver al creador nos da una luz al respecto.

Yo me preocupo mucho por trabajar en vivir aquí los postulados del Reino de Dios que planteó Jesús, el más allá se dirige a un segundo plano, pero creo que todos nos hemos cuestionado y divagado sobre este tema. Eso es honesto, aceptar que no tenemos todas las respuestas y que poco a poco vamos descubriendo lo que ha de venir.

El Perdón - Sólo se perdona lo imperdonable

Una de las cosas que más se les dificulta a las personas es tanto perdonar, como pedir perdón. *"El no perdonar es como beber un veneno y pretender que le haga daño al otro"*, frases como estas se popularizan, mientras la praxis del perdón sigue estando muy distante, pues muchos no saben cómo hacerlo.

No menos referencias Bíblicas encontramos al respecto. Las Escrituras toman extensas líneas para no solo recomendar asumir una actitud de perdón, sino incluso la presenta como una ordenanza, pues *"quien no perdona, no será perdonado"*.

Sin embargo, *solo se perdona lo imperdonable*; una hermosa frase que tomo prestada del teólogo Alvin Góngora. Y es que el perdón es un regalo invaluable que se da a quien no lo merece, a quien nos ofendió, nos hirió. Es un único camino que podemos tomar si es que la sensatez no nos ha abandonado.

Cuando alguien nos ofende, hiere o lastima, deja una consecuencia que nada ni nadie podrá restituir. Permitámonos usar un pequeño ejemplo. Si a alguien le asesinan un familiar, no hay nada en este mundo que pueda quitar las noches de angustia, llanto y profunda tristeza por la pérdida de los seres queridos y allegados. No importa si condenan a cadena perpetua al homicida, ni siquiera si se tomara la vida del agresor, podría quitar el dolor, devolver las noches oscuras y perdidas, la amargura, los llantos. Al final, solo quedará la cicatriz, si es que se cura la herida; pero siempre esa cicatriz acompañará el caminar de quien fue afrentado.

Por eso el perdón es un regalo que se otorga, un inmerecido, el cual, paradójicamente beneficia a quien lo da. El perdón es liberador, es el camino sensato, es la ruta excelente en medio de la pérdida y el dolor.

No quiero convertir estas líneas en una apologética de la restitución, o explicar que el perdón no necesariamente debiera traducirse en impunidad, pero sí determinar que lo importante es la actitud del corazón, el proceso en sí mismo.

Rob Bell, a través de una bellísima ilustración explica que aquellas cosas que nos duelen, el mal que otros han hecho sobre nosotros, la amargura que causa la decepción y el dolor de la herida; son acumulaciones que vamos guardando en un morral que cargamos a nuestras espaldas. Ese morral se va llenando cada vez más y se va haciendo muy pesado en nuestro caminar. Sin embargo, cuando un día nos alineamos a la orilla del camino y destapamos esa maleta que hemos cargado por tantos años, podemos encontrar que en su interior hay agua y pan. Es el mejor menaje para aquellos que hoy están sufriendo, agua que refresca el dolor de otros que están experimentando lo que nosotros un día. Nuestra amargura hoy da paz y esperanza a otros. El perdón es ese morral que transforma lo inevitablemente doloroso de la vida en provisiones que sanarán a quienes amamos y lo necesiten.

Como siempre Jesús nos da un hermoso ejemplo de ello. Él comienza a tener un acercamiento con Sidón, visitando sus tierras (Mateo 15:21). Es más, es a los sidonios a quienes decide sanar, ayudar, amar.

"Descendió con ellos y se detuvo en un lugar llano, en compañía de sus discípulos y de una gran multitud de gente de toda Judea, de Jerusalén y de la costa de Tiro y de Sidón que había venido para oírlo y para ser sanados de sus enfermedades; también los que habían sido atormentados por espíritus impuros eran sanados. Toda la gente procuraba tocarlo, porque poder salía de él y sanaba a todos" Lucas 6:17-19

Esto podría pasar desapercibido si es que no se conociera la historia de los Sidonios con Israel. Son descendientes de Cam, el hijo que según el relato de Génesis 9 afrenta a su padre Noé. Esta condición se clarifica en Génesis 10:15.

El libro de Jueces reseña el mal de este pueblo a los judíos, en el capítulo 10, versículo 11.

Una de las enemigas más grandes de Dios fue Jezabel, esposa del rey Acab. Curiosamente descendiente del pueblo de Sidón, quien asesinó profetas en los tiempos del reinado de su malvado esposo (1 Reyes 16:31).

El mismo Dios habla en contra de este pueblo en Isaías 23, Jeremías 25 y 47, Ezequiel 27, 28, 32; por el daño que le habían causado al pueblo israelita.

Hoy Jesús no solo no tiene una actitud de indolencia, sino que se va a la misma tierra enemiga a sanar a aquellos que le han hecho daño a su pueblo por muchos años, en una hermosa prueba de perdón, amor y reconciliación.

El razonamiento del Maestro de Galilea a muchos les parecía *traído de los cabellos*; Sin embargo es lo más sensato de su discurso frente a la actitud que se debe tomar frente a los enemigos y aquellos que nos hacen afrenta. Si se analizara objetivamente la situación del pueblo judío bajo el imperio romano en los tiempos del hijo del carpintero; una victoria militar hubiese sido imposible. Jesús lo entendió y no promovió las armas como solución a la difícil situación de Israel, de haberlo hecho, lejos de llevar al pueblo a la liberación del yugo, posiblemente los hubiera conducido a una masacre sin precedentes. El camino no era la violencia.

Aunque parezca difícil es el mejor camino, la única opción sabia en nuestro andar. Máxime cuando somos nosotros mismos una suerte de *máquinas de ofensas*. Todo el tiempo estamos hiriendo, decepcionando, maltratando a quienes nos aman. A veces nos damos cuenta, a veces no; pero es verdad, si no perdonamos, no seremos perdonados; no viviremos el Reino de los cielos.

> *"Por lo cual el reino de los cielos es semejante a un rey que quiso hacer cuentas con sus siervos.*
>
> *Y comenzando a hacer cuentas, le fue presentado uno que le debía diez mil talentos.*
>
> *A éste, como no pudo pagar, ordenó su señor venderle, y a su mujer e hijos, y todo lo que tenía, para que se le pagase la deuda.*
>
> *Entonces aquel siervo, postrado, le suplicaba, diciendo: Señor, ten paciencia conmigo, y yo te lo pagaré todo.*
>
> *El señor de aquel siervo, movido a misericordia, le soltó y le perdonó la deuda.*
>
> *Pero saliendo aquel siervo, halló a uno de sus consier-*

vos, que le debía cien denarios; y asiendo de él, le ahogaba, diciendo: Págame lo que me debes.

Entonces su consiervo, postrándose a sus pies, le rogaba diciendo: Ten paciencia conmigo, y yo te lo pagaré todo.

Mas él no quiso, sino fue y le echó en la cárcel, hasta que pagase la deuda.

Viendo sus consiervos lo que pasaba, se entristecieron mucho, y fueron y refirieron a su señor todo lo que había pasado.

Entonces, llamándole su señor, le dijo: Siervo malvado, toda aquella deuda te perdoné, porque me rogaste.

¿No debías tú también tener misericordia de tu consiervo, como yo tuve misericordia de ti?

Entonces su señor, enojado, le entregó a los verdugos, hasta que pagase todo lo que le debía.

Así también mi Padre celestial hará con vosotros si no perdonáis de todo corazón cada uno a su hermano sus ofensas". Mateo 18:23-35

El no perdón y la venganza, incluso desde la justicia retributiva nos llevará irremediablemente a la perpetuación de los círculos de violencia y seremos agentes del mal, pero no del bien.

Sin embargo, el perdón es una decisión libre que no se puede obligar y mucho menos presionar. Quien decide no perdonar está también en todo su derecho de hacerlo y tal actitud merece todo nuestro respeto, consideración y misericordia.

La imagen del dios Pablo Escobar

Los pasos del Maestro de Galilea sobre esta tierra dejaron huellas imborrables en cientos de miles, e incluso millones de personas a lo largo de la historia alrededor del mundo. A primera vista, este hecho podría generar admiración, pero escarbando un poco, hay que reconocer que lastimosamente, esas huellas fueron y han sido desdibujadas por la interpretación que se le dieron a dichos pasos.

Así es que hay que asumir con responsabilidad el hecho histórico que se desprende del ejercicio religioso cristiano en sociedades anteriores a la nuestra, en donde la guerra, el temor y la coacción, han sido armas del proselitismo evangelizador del mensaje de un Cristo que dijo todo lo contrario a estos actos.

Y en Colombia hemos tenido y tenemos nuestro propio mesías, quienes lejos de la piedad, pero con un contundente discurso, han engañado a sus seguidores y a extraños, proyectando su propia imagen benévola, en medio de todo un desastre cultural, social y religioso.

Aunque pueda resultar paradójico, lo cierto es que la imagen proyectada de una divinidad, no necesariamente obedece a su esencia, sino más bien al constructo hermenéutico de las sociedades que las construyen y adoptan como propias, reflejando de alguna manera en ellas su propia idiosincrasia y adjudicándoles así mismo su *status quo*.

Si es que de nuestros propios mesías criollos queremos hablar, emerge uno macabramente aceptado por muchos. Tan bipolar como nuestra sociedad colombiana; sumamente bueno y malvado, querido y odiado, divinizado y humanado. *El Patrón*, Pablo Escobar.

Un narcotraficante que con su dinero a costa de la miseria, trajo progreso y bienestar a cientos de familias pobres *paisas*. Un inteligente malvado que llegó a ser *honorable Congresista*, político que compró conciencias y votos, leyes, diversión y sexo. Todos los ingredientes para mitificarse y divinizarse.

Pero de su vida bien se podría tomar prestada una frase para efectos prácticos de nuestra propia imagen de Dios; una que dicen pronunciaba como sentencia en contra de sus enemigos y detractores, la cual decía, palabras más, palabras menos, algo así como, *"a ese tráigamelo que yo lo mato, lo entierro, lo desentierro, lo revivo y vuelvo y lo mato"*.

Una imagen bastante parecida al dios cristiano que aún en pleno 2019, muchos cristianos todavía proyectan, predican y adoran. Un dios que usa las catástrofes naturales para matar a sus enemigos, para luego revivirlos el día del juicio final y luego condenarlos a muerte. Uno que no tiene problema en dar su veredicto de pena capital por delitos menores, o delitos que cometieron los padres, e incluso abuelos y bisabuelos del imputado.

Uno que está tan sediento de sangre, que al no ser satisfecho con la de miles de personas que en el pasado murieron a través de esas mismas catástrofes y castigos, tuvo que derramar su ira en su propio hijo, pues la de él fue la única que encontró suficientemente dulce y de aromática para apaciguarse. Al final no se sabe si la humanidad fue salva del diablo o del mismo Dios.

Indudablemente estas líneas pueden resultar un tanto perturbadoras, pero dicha imagen habla más de sus seguidores, que de la divinidad que representan.

Así que en medio de tanta *mafia y traqueto*, ¿Cómo es que vamos a encontrar al *Dios Entre Nosotros*? [35]

---

[32] Teoficción. Relato de ficción basado en textos bíblicos
[33] Pagola, José Antonio. *Jesús, aproximación histórica*. Colombia: PPC. Impreso. 2013.
[34] Flood, Derek. *¿Por qué necesitamos creer en un infierno?*. 2017
[35] Tomado de Él Entre Nosotros. David Gaitán. *El Dios Pablo Escobar*. 2017

CAPÍTULO 6

De la Teología Contextual y la Iglesia

La *Teología Contextual* no es más que la praxis de la iglesia en nuestros contextos sociales y demográficos. ¿De qué sirven las teorías si no se aplican a las necesidades de nuestros niños, nuestros campesinos, nuestras viudas, nuestros pobres o nuestras propias necesidades? Porque una cosa es leer el Evangelio en una cafetería parisina en una tarde de verano, a leer el mismo luego de una masacre en las montañas de Colombia, o en una desolada ciudad venezolana, en un sembrío de caña cubana o después de un terremoto en Santiago de Chile.

Cuenta la historia que un día la teología se alzó en armas, en alguna selva de la geografía latinoamericana y se rebeló en contra de las sotanas y los cuellos clericales, se ensució con el café del barro a la vera del río y se impregnó de la alegría de la sonrisa de un niño, quien tomando el sol, descubrió el dulce sabor de la hoja de coca entre sus dientes. La Teología de la Liberación fue condenada a la utopía, a la desaparición, fue secuestrada y torturada, avergonzada y quisieron aniquilarla.

Pero los latinos tenemos el cuero bien curtido y nos hemos tenido que levantar, reinventar y reconstruir muchas veces. Somos resistencia. Así como dijo Galeano, nos enterraron, pero no se imaginaron que somos semilla. No tuvimos otro camino que contextualizar vez tras vez nuestra fe y seguir vigentes, orgullosos, con la frente en alto. Rebeldes como el Jesús que nos inspiró, dignos como nuestras ganas de echar pa´ lante y orgullosos como la fuerza en nuestras rodillas que nos mantiene en pie. La Teología Contextual cuenta esa historia, como relato y como hecho.

La iglesia que soñó Jesús

En días cuando se construyen comunidades cristianas alrededor del culto, las reuniones y actividades semanales; resultaría pertinente poder hacer un esfuerzo con el fin de tratar de acercarnos a los deseos manifiestos de Jesús sobre cómo él establecería su iglesia en nuestros tiempos.

Todo un reto que bien valdría la pena asumir, pues las referencias del Maestro de Galilea sobre una posible religión que hubiera querido fundar son escasas, por no decir que nulas. Es cuando el re-pensar el Evangelio es pertinente, pues si la iglesia desea hacer la voluntad de Dios, como mínimo, debería estar familiarizado con ella.

Y es que construir iglesia ha tomado algo más de dos mil años, y aún hoy día se siguen aportando ideas, programas, estrategias, discursos, etc. "Esta es una iglesia diferente", se escucha en boca de ciertos entusiastas laicos que presentan formas diversas de llevar un cristianismo que sea relevante para el momento histórico que vivimos.

La tarea nos llevará a entrever en las palabras y acciones de Jesús, sumado a los comportamientos de la iglesia primitiva, conjugado con los discursos y textos de los apóstoles; una luz sobre cómo el ser iglesia dibujará una sonrisa en el rostro de Dios. Para ello, quisiera proponer cuatro escenarios, los cuales pueden brindar un inicio al diálogo.

La iglesia no debiera reposar sobre un gobierno jerárquico autoritario

La declaración del Maestro de Galilea en Marcos 10:45, debería trazar un camino a seguir por todos aquellos que ejercen un ministerio eclesiástico. "El Hijo del Hombre no vino para ser servido, sino para servir, y para dar su vida en rescate por muchos". Si estas palabras germinaran en el corazón de los líderes religiosos, la iglesia no debería verse como una organización con jerarquía y subordinación; pues seguir el ejemplo del Carpintero, llevará al servicio del pueblo, mas no a la opresión del mismo.

Uno de los retos más grandes de esta declaración, es que se le ha asignado una especie de tinte político-demagógico, en donde el servicio se traduce en una metáfora que sólo puede ser entendida y desarrollada desde el poder. Parece que convenientemente a algunos grupos religiosos les resulta necesario leer ciertos textos desde el literalismo, y a otros, dándoles sentido figurado.

Así mismo, en Efesios 1:22-23, el Apóstol reconoce que la cabeza de la iglesia es Cristo. Es interesante poder desenredar un poco esta premisa, pues se ha hecho común que tal declaración se aborde desde el misticismo, en donde Dios habla a través del espíritu a los líderes y les dice sobrenaturalmente lo que estos deben hacer. Sin embargo, una relectura desde la noción presentada en el evangelio de Juan 1:18, nos advertiría que para conocer al Padre y su voluntad, debemos examinar la vida de Jesús, sus obras y reacciones, discursos y actitudes frente a diferentes situaciones.

Si queremos saber cómo Dios dirigiría su iglesia, debemos remitirnos a la vida que vivió su Hijo en la tierra, entender sus palabras y seguir su ejemplo. Esa vida, la cual es él finalmente, funcionando como la cabeza de la iglesia, es la que da dirección sobre cómo esta debe comportarse en la tierra, contrario a que sean los hombres quienes busquen enseñorearse desde el poder que presupone se ostenta cuando hay personas que les siguen como marco de referencia.

Una de las doctrinas más importantes en medio de la reforma protestante es el sacerdocio universal. Esta se ha construido desde textos como 1 de Pedro 2:9 "Mas vosotros sois linaje escogido, real sacerdocio, nación santa". Como su nombre lo indica, cada creyente es un sacerdote, quien puede administrar su conexión con Dios, sea esta cual sea.

Desde este concepto, no se necesitan intermediarios y mucho menos jefes manda más en medio de la comunidad de Fe. Ahora, esto no desconoce que hay hombres que guían y enseñan a la iglesia como lo reseña Hebreos 13:7, pero que incluso desde sus enseñanzas y hasta su conducta, son objeto de consideración (juicio), lo cual no solo es un derecho, sino un deber del creyente.

Lo ideal sería que dicha comunidad sea entendida como un organismo, más que como organización; lo cual resultaría, honestamente en cierto grado, una utopía. A medida que la comunidad se organiza, tiende a convertirse en organización, y para atenderla, se necesitan servidores que traigan orden a ella. Así ocurrió en la iglesia primitiva registrada en el libro de los Hechos 6:1-7, en donde podemos ver que el gobierno eclesiástico era colegiado.

Este último aspecto lo encontramos en el desarrollo del relato de todo el libro de los Hechos, en donde se hace evidente que los apóstoles sostenían reuniones, diálogos y disertaciones sobre los asuntos que se iban presentando, para así tomar decisiones conjuntas sobre qué se debería hacer.

Y es natural. Para la mayoría de teólogos, biblistas e historiadores de las Escrituras; Jesús no pretendía formar una nueva religión, y sus seguidores tampoco habían sido adiestrados para ello. Fueron conscientes de su nueva tarea, una vez se había marchado el Maestro y la pregunta rondaba sus mentes, ¿Y ahora qué?.

Más que individuos, la iglesia es una comunidad

Es esta comunidad la reunión de los santos, la congregación de los hijos de Dios. Esto no debería confundirse con la "reunionedera", aunque lamentablemente sea así para muchas organizaciones religiosas, en las que el centro de su funcionamiento son las actividades y todo gira alrededor de ellas.

Una comunidad presupone el bien de quienes la componen, más que los intereses de la organización. Este principio se ve cercenado cada vez que es más importante el "buen caminar" de las reuniones, en vez del bienestar de las personas.

Hay muchas metáforas sobre el "cuerpo", cuando a la iglesia se refiere. Una de estas se encuentra en 1 de Corintios 12:12, en la que Pablo se refiere a un cuerpo conformado por muchos miembros, y además reseña que cuando uno de estos se duele, todo el cuerpo se ve afectado también.

Se hace iglesia cuando en una cafetería, un hermano consuela a otro y/o lo fortalece en medio de una situación que así lo requiera. Hay iglesia cuando se visita a un enfermo, cuando se brinda una taza de chocolate caliente en invierno a quien no la tiene. Iglesia es edificarse mutuamente en la oración, el estudio de las Escrituras en una casa, o un parque. El culto no es el único escenario en el que es posible "congregarse".

Esta verdad debería ser liberadora, pues en no pocos lugares la ley del "no congregarse como algunos tienen por costumbre" se ha instrumentalizado tanto, que en vez de ser liberadora, ha traído carga en medio de aquellos que necesitan compartir en familia para desarrollar buenas relaciones.

Cuando el lunes hay reunión de líderes, el martes de servicio, el miércoles de Escuela, el jueves célula, el viernes vigilia, el sábado jóvenes y el domingo culto de 7, 9, 11, 1, 3 y 5 p.m.; se ha absorbido tanto la vida de las personas, que muchos hogares terminan separados pagando las consecuencias de una organización que exprime a sus miembros.

A veces uno de los cónyuges, o los hijos hacen reclamos legítimos al ausente en el hogar, pero reciben como respuesta exhortaciones a "no dejarse usar por el diablo", "no convertirse en Jezabel", o incluso no ser "endemoniados", por esperar más de su ser querido en casa, que en la institución religiosa.

Por eso la unidad de la que clama Jesús al Padre en Juan 17:21, requiere del compromiso de todos para sentir el dolor ajeno, apropiarse de él y tomar cartas en el asunto. Hace unos meses escuchaba una conmovedora reflexión del pastor y teólogo colombiano Jeferson Rodriguez, quien recordaba que por ejemplo, los cantos de antaño en la congregación se entonaban en plural; mientras que hoy en día son en singular. Estas palabras me confrontaron en la cruda realidad actual de la iglesia, cuando los gritos del individualismo han acallado los susurros del comunitarismo.

Esto me hace pensar en la oración que pronunció Jesús, aquella con la que nos quiso enseñar a orar, el Padrenuestro. Toda en plural, toda comunitaria. Ejemplo que siguió cabalmente la iglesia primitiva, ampliamente reseñado en el libro de los Hechos, capítulo 2, versículos 1 en adelante.

La iglesia da gloria a Dios

Sin duda alguna, el culto es una piedra básica en medio de la estructura y razón de ser eclesiásticos. La reunión de los hermanos genera un espacio para poder tener conexión con Dios a través de las reflexiones teológicas y la contemplación. Los cánticos, himnos, oraciones, lectura de los salmos, comunión y demás momentos litúrgicos, crean una conexión espiritual, la cual facilita herramientas para dar gloria a Dios a través de las expresiones anteriormente enunciadas.

Sin embargo, más allá de estos elementos imprescindibles,

se encuentra el llamado de atención que hace el mismo Jesús a través de un relato sorprendente, en donde advierte que el Hijo del Hombre regresará a juzgar. Los detalles de este juicio son ciertamente atractivos y dan luces sobre la expectativa del Maestro en cuanto al comportamiento de los seres humanos. Este lo encontramos en Mateo 25:31-46.

Me resulta imposible evitar reír cuando recuerdo que en más de una oportunidad he escuchado a flamantes predicadores decir desde este texto, que los de la izquierda (refiriéndose frontalmente a la postura política) serán condenados por Dios en el día del juicio. Esto lo sustentan basándose en el versículo 41; "Entonces dirá también a los de la izquierda: Apartaos de mí, malditos, al fuego eterno preparado para el diablo y sus ángeles", ignorando completamente el contexto, el cual es absolutamente contrario a sus pretensiones.

Porque es justamente en toda esta porción de las Escrituras, que Jesús claramente invita a los hombres bondadosos, a los que ha ubicado en la derecha (sí, yo sé; toda una ironía en nuestros tiempos); a que evidencien dicha bondad a través de la ayuda a quien lo necesita, al sediento, al hambriento, el desnudo, el pobre.

¿Y quién más que la iglesia para encargarse de ellos tal como el Carpintero lo hizo, si es esta su cuerpo en la tierra? Por eso se da gloria a Dios a través de la bondad, la misericordia, el ser compasivos. La iglesia debería convertirse en un manantial de agua y un proveedor de pan.

Pero esta no es la única respuesta que la iglesia relevante debe dar. También es menester brindar consuelo al desconsolado, compañía al solitario, apoyo al desahuciado. Hay matrimonios que se están quebrando y necesitan ayuda, hay jóvenes que se suicidan, dejando familias devastadas, hay niños que están siendo abusados física, sexual y espiritualmente. ¿Qué acciones estamos orientando a ellos?, cuando lamentablemente incluso muchos pastores desprecian el valor de los psicólogos en el quehacer de fe.

Aunque no se trata solamente de trasladarle a los miembros individuos de la comunidad esta responsabilidad, una vez que estos hayan aportado sus diezmos y ofrendas; no. Se hace necesario que la misma iglesia como organización de ejemplo de inversión en programas, estrategias, acciones misionales que nos lleven a una praxis de las teorías teológicas y la compasión que le aprendimos al Maestro. De otro modo es letra muerta.

Es muy fácil que el pastor le diga a sus feligreses que deben ser compasivos, cuando la iglesia no lo está haciendo primero con sus miembros, con los de su casa, y después con todo ser humano en necesidad. Más allá de dar clases de escuela dominical a los infantes desde la historia de Jonás y el grande pez, es pertinente que haya programas de asignación de becas escolares a quienes dentro de la comunidad no tienen acceso a la educación básica o media; incluso, profesional.

Entonces la iglesia habrá entendido el significado del "traer el reino de Dios a la tierra", aquella nueva Jerusalén que el profeta vio descender del cielo en el Apocalipsis.

El libro de los Hechos, en su capítulo 2 y versículo 43 nos da un claro ejemplo de ello; incluso el llamado de atención en Santiago 1:27 nos advierte sobre lo mismo. Una y otra vez, una iglesia relevante, que hace política desde la base, que no se tranza con los poderosos de este mundo, ni les sirve; sino que crea soluciones.

La iglesia de Cristo da gloria a Dios cuando escucha las murmuraciones, como en Hechos 6:1-7, en vez de censurar y sembrar terror en medio de aquellos que se atreven a ver y expresar cuando las cosas no marchan bien. Una iglesia que en vez de reprimir, genera soluciones y mantiene la paz en medio de los hermanos mientras desarrolla su misión.

Y ojo, esto no es una apología a sistema económico alguno. Dar gloria a Dios no se trata de afiliar la iglesia comunismo, ni marxismo; no. Debemos aprender del pasado y reconocer que estos sistemas en el mundo sencillamente no funcionaron. Y no lo hicieron porque sus principios fueron opresores, restrictivos, impuestos, autoritarios, por obligación. Pero el Espíritu Santo sí puede convencer al hombre a compartir, a ser compasivo, generoso, a dar de lo que tiene. Como decenas de versículos del consejo bíblico.

Tampoco se trata de caer en los encantos del consumismo desmedido, del neoliberalismo que procura el bien propio a expensas del hermano, ese que alimenta la envidia y egoísmo. Definitivamente el Evangelio de Cristo es contrario a eso, a acumular riquezas mientras otros mueren de hambre. A la avaricia sin fin que reina en nuestras sociedades contemporáneas.

Por eso se debe construir una iglesia que ayuda al necesitado mientras le da herramientas para convertirse en un creador de comunidad y alguien que aporte a su construcción; como miembro del cuerpo, como amado que ha aprendido a dar amor también.

La iglesia da gloria a Dios cuando sigue el ejemplo restaurador de Jesús con la mujer, o cuando tocó a los leprosos, e incluso cuando usó de ejemplo en su discurso a los samaritanos; esos vecinos indeseables para su auditorio. ¿Cuáles son nuestros samaritanos hoy?.

La iglesia tiene una función profética

Quizá muchos de los lectores estarán de acuerdo con esta afirmación, pero lo hacen desde un entendimiento de lo profético, un tanto místico. Así que permítanme por favor decir que la profecía no debería ser asociada con una especie de adivinación sobre el futuro.

Los profetas en la Biblia fueron hombres y mujeres que se levantaron para anunciar las buenas noticias mientras denunciaban lo que estaba mal en el mundo. Ellos hicieron duras críticas contra los sistemas, abusos, represión e injusticias.

Hoy no quedan muchos profetas, pues es más fácil hacer acuerdos con los poderosos para abrirse campo en la agenda del devenir ministerial; que denunciar sus atrocidades y acciones en detrimento de quienes Jesús defendió. Y es que el Maestro de Galilea fue el más grande profeta de su tiempo y de todos los tiempos. Por eso lo asesinaron, joven. Porque los profetas mueren jóvenes.

Y lo hacen porque sus palabras son impertinentes, piedras en el zapato, tenaces, drásticas, verdaderas. Jesús lo hizo a través de toda su vida, en cada acto de amor, en cada discurso, durante su propia tentación en el desierto. Pero uno de los ejemplos más claros de esto lo encontramos en Mateo 23. Su voz todavía se escucha en medio de los corazones que se atreven a leer más allá de lo que les dicta el sistema religioso que hagan.

Por eso la iglesia debe recuperar su rol profético en nuestros días, denunciando la corrupción de los gobiernos, el abuso de poder dentro de las mismas instituciones religiosas, combatir la ignorancia y los autoritarismos; y aunque esto no es tan glamuroso como decirle a las personas lo que les va a pasar dentro de un tiempo, es la verdadera actitud que soñó el Hijo de Dios.

La iglesia es la expresión de Cristo en la tierra, pero la hemos convertido en cueva de ladrones, nuestro trabajo se ha limitado a la comodidad y ambición del proselitismo, el cual nos permite ganar muchos adeptos para explotarlos y someterlos a ideales y dogmas, los cuales lejos de traer la libertad que prometió el Galileo, está imponiendo cadenas de esclavitud.

No hay que temerle a la murmuración

Uno de los males más grandes que afectan a miles de personas y comunidades alrededor del mundo es la murmuración, entendida como el acto de hablar *más de la cuenta* sobre personas, situaciones, organizaciones, ideas, etc.

En la Biblia no solo se presentan casos de murmuración que tuvieron consecuencias desastrosas para quienes la practicaron, sino que algunos autores de las Escrituras, tomaron varias líneas para recomendar no hacerlo. El clásico ejemplo se encuentra en Números 12, cuando María y Aarón hablaron en contra de Moisés por su nueva compañera sentimental; en este caso, la mujer murmuradora tuvo como recompensa, la lepra.

Así mismo, esta práctica es condenada en el Nuevo Testamento. En Santiago 4:11, se advierte a no practicarla, al igual que en Filipenses 2:14, textos que claramente muestran la murmuración como una amenaza a la convivencia y amor fraternal entre los hermanos; llevando a quien la practica al peligro de llegar incluso a desobedecer el mandato de Jesús de amar al prójimo como a sí mismos, pues el daño que se hace, puede llegar a ser irreparable. Incluso, el apóstol Pablo en su carta a los Romanos, en el capítulo 1, versículo 30; cataloga este comportamiento como una depravación radical del hombre.

El problema de la murmuración radica principalmente en que lo que se dice sea falso, mentira o testimonio alejado de la verdad. Esta y el chisme son armas letales que destruyen personas, comunidades, la paz y el amor en medio de los hermanos.

Esta es una cara de la moneda.

Pero al otro lado del espectro, está una historia muy importante e interesante de la iglesia primitiva.

"En aquellos días, como creciera el número de los discípulos, hubo murmuración de los griegos contra los hebreos, de que las viudas de aquéllos eran desatendidas en la distribución diaria. Entonces los doce convocaron a la multitud de los discípulos, y dijeron: No es justo que nosotros dejemos la palabra de Dios, para servir a las mesas.

Buscad, pues, hermanos, de entre vosotros a siete varones de buen testimonio, llenos del Espíritu Santo y de sabiduría, a quienes encarguemos de este trabajo. Y nosotros persistiremos en la oración y en el ministerio de la palabra.

Agradó la propuesta a toda la multitud; y eligieron a Esteban, varón lleno de fe y del Espíritu Santo, a Felipe, a Prócoro, a Nicanor, a Timón, a Parmenas, y a Nicolás prosélito de Antioquía; a los cuales presentaron ante los apóstoles, quienes, orando, les impusieron las manos.

Y crecía la palabra del Señor, y el número de los discípulos se multiplicaba grandemente en Jerusalén; también muchos de los sacerdotes obedecían a la fe". Hechos 6:1-7

El relato se concentra, no tanto en la murmuración que se estaba presentando en medio de los hermanos, sino en la actitud de la iglesia frente a esta. Así mismo sucede en todas las áreas de la vida de fe; situaciones adversas se pueden presentar, pero los resultados dependerán de la actitud que el cristiano adopte frente e ellas. Hace unos meses escuché una frase que llamó mi atención por lo acertada de la premisa, "no te preocupes por lo que digan de ti, a menos que eso que dicen de ti, sea cierto".

Uno de los problemas más grandes que afronta la iglesia cristiana contemporánea, es que no ha aprendido a responder a la crítica o murmuración, sea el objeto de esta verdad o no. Usualmente, se observa desde los púlpitos y desde círculos de liderazgo de las comunidades, satanización hacia expresiones contradictorias, pero muy poco autoevaluación y reflexión al respecto.

No fue el caso de la iglesia de los hechos. La queja llegó a los oídos de los apóstoles y estos, antes que condenarlas, las escucharon y respondieron a los señalamientos con soluciones que beneficiaron a la iglesia. No siempre silenciar es la solución.

El ejemplo de Jesús también es muy diciente frente a situaciones similares. Él siempre tenía una respuesta a las críticas y murmuraciones, no solo las ignoraba, sino que las aprovechaba para generar reflexión, enseñar y aliviar la carga. En pocas palabras, cumplir con el propósito del Evangelio.

En la parábola de Mateo 20:11, el señor de la viña da una respuesta no menos que sensata a aquellos que murmuraron contra sus acciones. El mismo Jesús respondió cuando murmuraron contra los discípulos en Lucas 5:30, al igual que quienes lo hicieron contra la mujer en Marcos 14:4. Siempre sus reacciones estuvieron dentro del marco de la sabiduría, dando respuestas, enfrentando las situaciones y dejando tras su actuar, grandes enseñanzas.

Se hace necesario que la iglesia de hoy sea instruida y preparada para poder afrontar los retos que se presentan en una sociedad cada vez más preguntona, pensante y con herramientas como las redes sociales, en las cuales cualquiera puede acusar a los demás de *herejes, hipócritas, apóstatas* y *abanderados de la falsa doctrina.*

No se trata de aprender a excusar malos comportamientos, sino todo lo contrario; suprimir aquellas cosas que van en contra del Evangelio, pues al acercarnos a Jesús, somos más como él, pero es necesario también estar capacitados para dar respuestas relevantes en nuestra generación. Es un reto poder erradicar la ignorancia de nuestra vida y congregaciones, esa que en vez de enseñarnos a amar con la Biblia en nuestras bocas, hiere y menosprecia desde las Escrituras en nombre Dios, usando cosas que él no ha dicho.

Ya es hora de empezar a hacer algo al respecto

El arte logra llegar a donde nuestras mentes limitadas de información no. Esto me hace acordar de una frase del teólogo colombiano Alvin Góngora, quien reconoce que la poesía lleva cien años de ventaja, la filosofía cincuenta y la ciencia, unos diez. Más o menos es lo que dice, estoy parafraseándolo. Y lo traigo a memoria porque justamente estoy pensando también en que hay una pieza musical que sintetiza un sentimiento, que así como dijo Góngora, esta canción se convierte en una vía de escape y entendimiento. Hablo de *"sencilla y arrogante"* de Jesús Adrián Romero.

La escucho y lloro, pues como ilustra el artista en su composición, la iglesia inspira amores y odios, predica venganzas y extiende su mano que cura. ¡Todo un cóctel de posibilidades que a la final nos deja un rastro de desconcierto! Tengo que admitir que en principio me costó trabajo entender, tanto la metáfora que usó Romero, como el sentimiento que la inspiró. Alguna vez hablando con él, me expresó su amor casi visceral por la iglesia, pero lo hizo en un momento en el que yo mismo estaba por el lado más bien de la decepción, tal vez esta combinación de sentimientos nos resulte familiar.

Habiendo dicho esto, me veo en la obligación de hablar de la iglesia con cierto respeto, pues se trata de la amada de Cristo, nada más y nada menos, lo cual presupone una responsabilidad y delicadeza superlativos, si es que nos proponemos construir en vez de destruir. Quiero echar mano de algunas palabras de Jesús que se encuentran en el evangelio de Mateo, capítulo 18, versículo 20. *"Porque donde están dos o tres reunidos en mi nombre, allí estoy yo en medio de ellos".*

Definiciones sobre iglesia se han dado muchas, pero la

simpleza y profundidad de esta frase particularmente me impulsan a entenderla como una explicación natural sobre lo que el Carpintero de Galilea tenía en mente. Desde esta premisa, si es que la quisiéramos aceptar, podemos construir sistemáticamente un conjunto de columnas y paredes para así llegar a la imagen de iglesia ideal (¿?). Permítanme dar un ejemplo al respecto, por favor. Iglesia es reunión (dos o tres), iglesia es compartir la comida en las casas (libro de los Hechos), iglesia es encargarse de los huérfanos y las viudas (otra vez, libro de los Hechos). En resumen, comunidad.

Otra vez quiero evocar las palabras de Góngora. Él se cuestiona con cierta decepción sobre cómo es posible que en nuestros días, una que debería ser virtud, se condene desde los escenarios eclesiásticos como amenaza, maldición y pecado; me refiero a la *rebeldía*. ¿Acaso no fue Jesús rebelde a su religión? ¿Acaso no lo fue Daniel a su Rey? ¿Acaso Lutero y Calvino a su iglesia? A partir de este momento podemos entrar en zona de peligro, pero bien puede valer la pena.

Por eso, esta mezcla de reflexiones, e incluso, sentimientos deberían llevarnos a algo, porque no debemos olvidar la frase del viejo Libro, *la letra mata* y la letra muerta no sirve. ¿Qué quiero decir con esto? Que de nada sirven las largas reflexiones y postulados teológicos si no los traemos a la praxis de alguna manera. Recordemos que *no debemos ser sólo oidores, sino hacedores*. En ese sentido, me atrevo a juntar estas dos ideas en una misma frase, me refiero a las rebeldías y al hacernos cargo.

Es imperativo que recuperemos las rebeldías como un valor y le quitemos poco a poco la carga negativa que se le ha impuesto desde el discurso eclesiástico contemporáneo, pues es justamente la rebeldía la que nos dará esperanza y herramientas para levantar la voz y poner manos a la obra. Por lo tanto, la rebeldía nos da el impulso iniciar para hacernos cargo, no la dejemos como sólo un ideario etéreo, traigámoslo a la realidad; a nuestras realidades.

Así que si no hay una comunidad que nos represente, pues bien; ¡creémosla! Es tiempo de hacernos cargo y que a través de nuestro trabajo, nuestra propia inconformidad tome manos y pies para traer el reino de los cielos a la tierra, para que a través de nosotros mismos, Jesús sea mostrado. Sigamos el consejo del Apóstol Pablo y ¡seamos el Cuerpo de Cristo!

Personalmente estoy agradecido y conmovido, casi hasta las lágrimas, por poder ser testigo de esas rebeldías que están brotando como pequeñas semillas a lo largo y ancho de toda América Latina. Son grupos de cristianos llenos de preguntas y cansados del establecimiento religioso, quienes se reúnen en las sombras cobijantes de la clandestinidad para formar comunidad.

He conocido grupos heterogéneos que están hablando de Jesús en los bares argentinos, alrededor de una cerveza o un pedazo de pizza; los he visto reunirse en medio de casas campesinas en las selvas colombianas, me he enterado de sus actividades por debajo de cuerda en alguna cafetería de Madrid o Barcelona; incluso, en apartamentos en Costa Rica o México.

Sí, apreciados. Hay decenas de personas que como ustedes y como yo, no se conformaron a la religión y sus discursos homogeneizadores, sino que están incubando rebeldías en la periferia, al lado del camino, en las cuevas y en los parques. Los encuentro por todos lados. Cada cierto tiempo recibo una llamada vía Skype, un mensaje de chat o un correo electrónico de algún líder en algún lugar apartado de nuestra geografía contándome que esta vez brindaron con una copa de vino y discutieron sobre la sustitución penal o sobre escatología.

Otros más osados se atreven a hacer reuniones en plena luz del día, promoviéndolas a través de redes sociales e invitando a una *tarde de birras y fe*. Pero el espíritu revolucionario de Jesús está alimentando estos grupos que por iniciativa propia y de una manera orgánica y desinstitucionalizada, están haciendo preguntas, brindando abrazos y alimentándose de sonrisas desde las humanidades propias y de sus pares, allí en lo oculto, en medio de lugares y horas prohibidas, formulando interrogantes políticamente incorrectos.

¿No hay un grupo así en tu ciudad? ¡En hora buena! Es tiempo que inicies uno, convocando a personas cercanas o lejanas, conocidos o extraños, ricos o pobres. No temas, trae a las prostitutas y a los contagiados de VIH, invita a los zarrapastrosos y a los indeseables. Reúnete con los metaleros y los tatuados, convoca a los *mechilargos*, a los rebeldes, no te olvides de los viejitos del ancianato o de los que no tienen los zapatos de moda. Trae a los raperos, a los millonarios, llama a los LGBT y a las que abortaron, que no falten las de mini falda y los que tienen aretes o piercings, pero no vayas a dejar de lado a los encorbatados y los ejecutivos. Es tiempo que te hagas cargo.

Quisiera poder tener espacio en tiempo y líneas para contarles las historias que he oído alrededor de esto. Hijos de pastores que sostienen relaciones sexuales habitualmente sin que sus padres se enteren, el domingo están tranquilos en la celebración, pero el sábado en la noche hablan de Jesús en uno de estos grupos. También sé de líderes de alabanza, que aunque aman sus cultos y la posibilidad de ministrar adoración profética, encontraron en estos espacios un lugar donde descansar y hablar de aquello que no se puede preguntar en la reunión de jóvenes de la iglesia. Incluso, te puedo hablar de uno que otro pastor, que aunque no puede predicar de ciertos temas abiertamente el domingo, en medio de estos espacios se siente libre de compartir sus ideas y pensamientos.

Los hay también que no quieren volver a una iglesia porque ha sido tal el daño que recibieron en ella, que como medida de autoprotección se resguardan lejos; pero que no pueden negar el amor de Jesús. He conocido jovencitas que quedaron en embarazo mientras ejercían un ministerio en el grupo de danza y fueron expulsadas, pero en medio nuestro han encontrado el abrazo del Padre, porque entendieron que no hay un hombre que puede, en verdad, ser superior a otro moralmente, todos tenemos nuestros secretitos sucios. Por más que los vistamos de piedad y supuesta santidad.

Así que si vamos a hablar en términos de Bonhoeffer, tengamos nuestra mente pura, purificada en Jesús y siguiendo sus pasos, pues llega un momento en la vida en que la protesta tiene que tomar manos y pies. Manos para abrazar y pies para llevar el pan y el agua que hemos acumulado todo este tiempo para dar a otros [36].

Nos están quitando nuestros derechos
- Teoficciones -

Oración y Lectura Bíblica en la Escuela

Cami estudia en un colegio público porque no contamos con los recursos necesarios para poder brindarle educación en un instituto de nuestra misma orientación religiosa. Ella es una niña muy aplicada e inteligente y sus notas siempre han sido sobresalientes. Nos sentimos muy orgullosos de su desempeño.

Hace un par de años atrás, un nuevo director llegó a la escuela de Cami. Es un gran ser humano y un excelente maestro. Poco a poco ha sabido ganarse la confianza y cariño de toda la comunidad educativa, incluyendo a los padres de los estudiantes; quienes han recibido asesoría en diferentes áreas, desde la familiar, hasta en consejos sobre la educación de los niños. El nivel educativo del colegio ha aumentado considerablemente y los incidentes violentos han disminuido desde su llegada.

Samir, el exitoso director, tiene ascendencia del medio oriente y practica la religión musulmana. Pero es completamente distinto a lo que se ve en los noticieros; como dije anteriormente, es una gran persona. Ahora muchos padres se han interesado en su fe, muchos de ellos han comenzado a aprender sobre el Corán y se reúnen en diferentes lugares para rezar orientados hacia La Meca. Debido a este cambio, la asamblea de padres, por votación acordó que todos los días se hará media hora de lectura del Corán y media hora de oración a Alá en la escuela antes de iniciar clases.

Ya han pasado tres semanas desde que la mayoría aprobó esta idea que trajo el nuevo rector. Los incidentes violentos siguen disminuyendo y el nivel educativo aumentando; cada vez son más personas las que manifiestan su alegría y conformidad con lo que está ocurriendo.

Sin embargo, mi esposa y yo no nos sentimos completamente cómodos con esta situación. La verdad creemos que la religión no debería ser impuesta y la educación religiosa debería ser también competencia de los padres en el seno del hogar. Pensamos que aunque las cosas se ven muy bien en la comunidad, Cami podría confundirse con respecto a nuestra fe cristiana. No nos gusta que ella esté tan expuesta a las enseñanzas de Mahoma y no exista un espacio también para los cristianos en ese colegio.

Hemos reflexionado y creemos que en las escuelas no se debería imponer la religión a los niños, ninguna; pues vemos que están manipulando a mi hija a buscar y seguir otra creencia diferente a la nuestra, pues ella no está en edad de poder decidir. Pienso en mi situación y la de Cami y creo que ni siquiera la religión cristiana debería ser impuesta de este mismo modo a través de la oración y el estudio de la Biblia. La formación religiosa nos pertenece a los padres y somos nosotros quienes deberíamos asumirla.

Si yo tuviera recursos, seguro matricularía a mi niña en un colegio cristiano; como no los tengo, espero que *el Estado no patrocine Dios o creencia alguna; muy a pesar que el rector del colegio de mi hija esté seguro que él tiene la verdad y la religión correcta. Todas las cosas que quiero que los hombres hagan conmigo, así debo hacerlas con ellos. Mateo 7:12*

Oración y Lectura Bíblica en el Trabajo

Ser padres no es fácil. En nuestro caso, debimos recurrir a la ayuda de una señora, doña Mónica, quien nos colabora con las tareas del cuidado de Cami. Desde que ella inició sus labores en nuestro hogar, acordamos que comenzaría su jornada a las 9:00 de la mañana y se extendería hasta las 3:00 de la tarde. Las instrucciones son claras como puntuales, atender en todo a nuestra bebé de seis meses.

No tengo queja alguna. Doña Mónica se esmera en preparar los alimentos de la niña con toda pulcritud y diligencia. Ella sabe exactamente lo que queremos y cómo lo queremos, de manera que se esfuerza en hacerlo; además, ha desarrollado bastante empatía con Cami, se nota del amor y aprecio que se tienen.

Su presencia en nuestro hogar nos ha "quitado una carga de encima", literalmente las cosas funcionan bien y se ha aliviado este difícil momento lleno de responsabilidades; nosotros también hemos comenzado a apreciar a doña Mónica, es una persona muy especial. Podemos atender nuestros trabajos y obligaciones, sabiendo que ella cuida muy bien de nuestra hija.

Por eso, a veces pienso sobre cómo debería comportarme con ella, pues desde hace un par de semanas ha adoptado el hábito de llegar a casa y comenzar a orar y leer la Biblia por espacio de treinta minutos todos los días, en la habitación de Cami. Esto, a pesar que según el horario que recomendó el pediatra, la niña debería tomar su biberón justo a esa hora, pero doña Mónica ha preferido atender su actividad de fe.

Por supuesto que le he reclamado por su comportamiento, le he pedido que por favor asista a la bebé con algo tan importante como su tetero, pero al parecer esto le ha ofendido y me recrimina que estoy violando su derecho a la libertad religiosa y desarrollo de su libre personalidad. Honestamente, esto me tiene algo desconcertado; pero lejos de hacer algo semejante a lo que me reclama, lo que espero es que ella destine el tiempo laboral al trabajo y su tiempo libre a las cuestiones de su fe particular, pues su comportamiento nos está afectando en la familia.

Hace algunos días atrás que doña Mónica habló conmigo sobre el asunto y me dijo que si yo no le respetaba su tiempo para el ejercicio religioso en el trabajo, ella me demandaría y que está a la espera de hacerlo, pues un grupo de activistas cristianos han recogido firmas para promulgar una ley que le de libertad a ella de continuar con su oración durante la jornada laboral. Es muy posible que esto ocurra, pues los cristianos han ganado bastante poder electoral y tienen varios diputados y políticos que los apoyan.

Esta situación me ha hecho reflexionar sobre los em-

pleados de grandes empresas, tanto del Estado, como privadas, quienes se han organizado y están tomando tiempo laboral para sus actividades religiosas. No sé cómo podremos enfrentar esto, pues en ningún momento quiero atacar a doña Mónica y su creencia, sólo espero que Cami pueda tomar su biberón a las horas correspondientes.

Aldea denuncia irregularidades en comunidad de seguidores de Jesús

Después de la muerte de Ananías y Safira, el pueblo se llenó de miedo. Tras haber recibido varias denuncias de algunos de los habitantes de este caserío, decidimos trasladarnos con nuestra Unidad Investigativa para averiguar un poco lo que está ocurriendo aquí.

Según algunos testimonios de vecinos a la comunidad de seguidores del desaparecido carpintero, las cosas han cambiado mucho en los últimos años y esto ha generado un impacto negativo en estas tierras.

En nuestra visita a esta acogedora aldea en medio del desierto, entrevistamos a uno de los seguidores del joven grupo religioso y esto fue lo que nos contó (omitimos su nombre por petición de él mismo, aduciendo temor por su seguridad).

¿Hace cuánto hace parte de esta comunidad?

Yo llegué cuando era bien chico, mis padres comenzaron a venir a las reuniones de enseñanza de las cosas que había dicho Jesús, todos estamos muy contentos por poder aprender y ser mejores personas. Ahora vivimos mucho mejor que antes, tenemos más amor y todo es muchísimo más claro en nuestro futuro.

¿Qué edad tiene usted?

25 años

¿Qué es lo que más le gusta de este grupo?

Todo me gusta del grupo, pero yo quiero decir que le damos gracias a Dios por entregarnos a una persona tan buena como lo es nuestro líder. Él nos ha enseñado grandes cosas, e incluso nos promete que así como dicen los rollos sagrados, él nos cuidará, incluso, hasta la muerte de ser necesario.

Al parecer es un hombre muy bueno, ¿Qué les ha dado a ustedes para que lo admiren tanto?

Esperanza. Antes no teníamos esperanza y los problemas entre nosotros eran el pan diario; ahora, gracias a las enseñanzas de él, hemos aprendido a no pensar tanto en nosotros mismos y a desprendernos de las cosas para que Dios sea glorificado. Es maravilloso saber que alguien invierte tanto tiempo en esta hermosa causa de ayudar a los demás.

¿Es verdad que los apóstoles de otras comunidades como la de ustedes no han vuelto por aquí, e incluso hablan mal de su líder?

Pues sí es cierto que hace rato no viene Pablo, que era quien nos visitaba. Dicen que está en la cárcel, ¿Quién sabe?. Yo creo que hay mucha envidia en las personas y si hablan mal de nosotros, es porque como a ellos no les va igual de bien, no tienen más que hacer que arrojar piedras al árbol que da fruto (risas).

Un día nuestro líder nos dijo que no es de Dios ir a la cárcel y que si Pablo estaba allá era porque no estaba recibiendo la bendición del Señor, que debíamos dejar de escuchar a las personas de otras aldeas que también se reúnen a hablar de Jesús porque ellos pueden ser una mala influencia. Nuestro líder siempre nos recuerda que aunque todos malinterpreten las palabras de Jesús, él sí las entiende bien. Imagínese que la otra vez Dios le habló y le dio instrucciones de cómo cuidarnos y él lo hace al pie de la letra.

¿Usted o alguien más estuvo cuando Dios le habló?

Oh no, claro que no. Dios solo le habla a él porque son amigos y Jesús solo tiene conversaciones con mi líder, con nadie más. Aunque en nuestras reuniones oramos y Dios nos habla a través de nuestro líder; pero él es el único que lo puede escuchar.

¿Cuál es su labor en la comunidad?

Yo soy el ayudante de nuestro diácono. Lo asisto en todas las cosas que él necesita.

¿De qué se trata asistirlo a él?

Básicamente me encargo de abrir la puerta cuando llega al templo con su carruaje, le compro los alimentos, ayudo en varias labores del funcionamiento del templo, lavo sus pies, preparo las cosas cuando vamos a reunirnos en la comunidad y otras actividades.

¿Y cuál es su pago por ese trabajo?

No, yo no recibo pago. Al contrario, es un privilegio para mí poder servirle. Mi pago está en verlo feliz y haciendo lo que Dios le dice.

¿Cómo hace entonces su familia para subsistir?

Mi esposa es la encargada de ir por los mercados de la aldea para que nos regalen comida. A veces es difícil porque no le dan mucho, pero hasta ahora hemos estado bien y bendecidos.

¿No es difícil alimentar a una familia en estas condiciones?

Para nada. Nosotros hemos conocido la fidelidad de Dios; cuando uno confía, todo se multiplica; el secreto está en la honra.

De toda la ayuda que mi esposa pide, lo primero que hacemos es apartar la parte que le vamos a llevar a nuestro líder, pues su noble trabajo se puede realizar gracias a que nuestra comunidad debe honrar a Dios y dar en el templo. De lo que queda, ahí si cocinamos. Dios le ha dado un don maravilloso a mi amada, ella puede hacer cosas que uno no se imagina con pocos víveres.

¿No ha tenido usted problemas con su esposa por esto?

A veces ella se deja usar por el diablo, pero yo la reprendo y todo vuelve a estar normal. Sobre todo se molesta mucho los días que sacamos la porción de nuestro líder y no nos queda para comer, o cuando él me manda llamar con algún mensajero en la noche o cuando estoy con ella para asistirlo. Su problema es que no entiende que debemos esperar nuestra recompensa, la cual pronto vendrá.

Me habló que su líder tiene carruaje, ¿Cuántas personas más lo tienen en su comunidad?

Él y su hija, nadie más. Todos sabemos que lo importante es que el ministro esté bien; eso es honra y si nosotros lo honramos, Dios lo hará con nosotros.

¿No le parece que esto es injusto? Mientras usted a veces pasa hambre, su líder tiene muchas cosas; ¿Él no se conduele de su situación?

Yo le estoy dando esta entrevista muy amablemente y le pido

DE LA TEOLOGÍA CONTEXTUAL Y LA IGLESIA

que no juzgue a mi líder y mucho menos sea tentación para que yo lo haga también. Por esas cosas es que cae maldición al pueblo, por ignorancia. Él conoce mi situación, pero sabe muy bien que no puede hacer nada porque es trato de Dios conmigo y si él interviene, yo no podré vivir mi proceso.

Discúlpeme, pero; ¿A usted no le parece extraño que otras comunidades que sirven a Jesús reparten los bienes con los pobres y aquí no?

Yo se lo contesté antes, muchos han malinterpretado las enseñanzas de Jesús, ellos ya tienen su recompensa.

¿Y cuál es la recompensa para ustedes?

También ya se lo dije, esperanza. Nuestro maestro nos enseña que Dios quiere que vivamos bien, nos va a bendecir si nosotros le damos primero, si no cuestionamos, si creemos por fe.

Pero ya ha pasado mucho tiempo, ¿Cuándo será eso?

Eso no ha pasado por culpa nuestra, porque no hemos sabido tener fe; porque no hemos sido lo suficientemente generosos, porque no hemos obedecido y creído como Dios quiere.

Mire, estas preguntas ya me están incomodando mucho porque usted no entiende la felicidad que tenemos aquí. Le pido que por favor se vaya.

---

[36] Tomado de La Conversación en Curso. David Gaitán. *Con Lugar a Dudas.* 2018

Nota del Editor

Inmersión es un libro que invita al despertar. Es un clamor que se une a las palabras del apóstol "Despiértate tú que duermes". Invita al alumbramiento, al renacer. Es un portal que nos lleva a una perspectiva para nada estática, sino dinámica. Nos traslada desde el punto de lo ya establecido hacia el descubrimiento desde nuestra propia voz, guiados por la Palabra dentro de la Palabra, acaso es una alegoría que ilustra el significado de lo que Cristo es: un desafío ante el dios fuerte, inmutable, vencedor. Llevándonos así hacia un Dios cuya debilidad es el ser humano, que cambia en la medida que nos adaptamos a conceptos más allá de los doctrinales y que se deja vencer por el amor.

Con **Inmersión** te enfrentas a una realidad: has estado cómodo, o cómoda, debajo de las estructuras que otros han construido. Es necesario salir de la zona de confort, y es necesario hacerlo ahora mismo. De nada nos sirve estar bajo la sombra de un Altísimo cuya altura es inalcanzable y, por lo tanto, nos dirige hacia la frustración. Inmersión de-construye al Altísimo, para re-descubrir al Dios en Cristo, que bajó desde su Altura para hacerse horizontal y alcanzable. Con Inmersión se nos invita a cuestionar no quién es Dios, o qué es la Escritura, o cómo es la verdadera Iglesia, sino más bien cuál ha sido y es nuestra relación con todos esos elementos. Sí, elementos que hemos construido justo debajo de la sombra del Altísimo heredado.

Inmersión es un libro no apto para todos. Si quieres protegerte de la tormenta, si no estás dispuesto, o dispuesta, a encarar tus demonios (sí, demonios, esos que te mantienen conforme y creyendo que ir a la Iglesia una vez por semana te acerca a dios, ¿cuál Dios?). Es una invitación osada. Ha sido escrito en un lenguaje, tono y estilo en el que batallan, precisamente, dos voces: la del periodista y la del teólogo que mira más allá de la teología heredada, a veces con timidez y a veces envalentonado. Leer **Inmersión** es acercarse al filo del abismo, al borde de la montaña, es tentar tu propia suerte. ¿Estás dispuesto a hacerlo?

Gusmar Sosa
Escritor

Agradecimientos

A la familia *Candies&Cookies* y sus padres Oscar, Alexandra, Sarita y Aleja, muchas gracias por su cariño, apoyo y soporte durante los diversos procesos que dieron a luz esta obra. Sin ustedes no habría sido posible

A la *Casa del Árbol de Almendro* Bogotá, el *Ministerio Águilas de Salvación*, pastor Joshua Mojica y Beatrice Q. Mojica, a todos los amigos de esta casa, muchas gracias por su compañía. A los estudiantes, tanto presenciales y virtuales de Inmersión, gracias por creer en cada aporte a la teología latinoamericana en este curso.

A la familia *Vástago*, representada en Jesús Adrián Romero, Ulises Oyarzun y sus familias, gracias por su tiempo y aportes.

A la teología latinoamericana contemporánea, gracias por la inspiración, César Soto, Alvin Góngora, Héctor Benjamín Oleda, Juan Esteban Londoño, Tomás Castaño, Ana María Rodríguez, Ricardo Meza, Marco Antonio Meza-Flores, Dayan Castillo, Ignacio Simal, Cristina Hincapié, José Ramón Junqueras, Cristina Conti, Julio Álvarez Rivera, Raúl Méndez y Yoe de Simone, a los amigos de otros colectivos por caminar conmigo en el pasado, aunque hoy no están presentes en cotidianidad, sí en mi corazón.

Gracias a la hermosa familia de *JuanUno1* por encargar en mí la maravillosa responsabilidad de plasmar esta obra, por su esmerado trabajo y confianza con este, su servidor. Gracias por creer en nuestra teología latinoamericana, nuestra teología contextual. Gracias Hernán Dalbes, Horacio Sandi y don Mark Baker.

Gracias al editor, Gusmar Sosa, quien abrió mis ojos hace años con su ensayo sobre la bipolaridad de la verdad, gracias por editar esta obra y por sus invaluables aportes.

Gracias a mis padres Mauricio y Martha, a mis hermanos Daniel y Tatis. La familia es el más hermoso regalo de Dios y su amor me sustenta en los momentos más oscuros del camino.

A Ivonne Castro. La mitad de este proyecto es gracias a ti.

Gracias Jesús por salvarme del dios que había malconocido.

Sobre el Autor

David A Gaitán es periodista, escritor, productor de Radio y Televisión, bloguero, pastor y consultor internacional en temas de comunicación, redes sociales, de liderazgo y teológicos, cuya influencia se ha extendido a lo largo y ancho de Hispanoamérica y Estados Unidos a través de sus letras en temas sociales del siglo XXI.

Sus investigaciones y ejercicio periodístico han aportado a la discusión política, teológica y social en los lugares donde es consultado, trayendo importantes cuestionamientos con respecto a comportamientos humanos y proponiendo temas de evaluación para mejorar comunidades. Ha escrito tres libros y participado en al menos cinco publicaciones más, las cuales contribuyen en la formulación de lecturas sociales y bíblicas que aportan en la construcción del pensamiento teológico latinoamericano contemporáneo. Es fundador-facilitador de la Casa del Árbol de Almendro, Bogotá y papá de Laura Camila.